且歌且行

QIEGE QIEXING

王乃冬 著

黑龙江人民出版社

图书在版编目（CIP）数据

且歌且行/王乃冬著. —哈尔滨:黑龙江人民出版社，
2018.7(2021.3重印)
　ISBN 978 - 7 - 207 - 11415 - 0

　Ⅰ.①且...　Ⅱ.①王...　Ⅲ.①中学教育—教育
研究　Ⅳ.①G632.0

中国版本图书馆 CIP 数据核字(2018)第 164025 号

责任编辑：常　松
封面设计：张　涛

且歌且行

王乃冬　著

出版发行	黑龙江人民出版社
地　　址	哈尔滨市南岗区宣庆小区 1 号楼
邮　　编	150008
网　　址	www. longpress. com
电子邮箱	hljrmcbs@ yeah. net
印　　刷	三河市华东印刷有限公司
开　　本	787 × 1092　1/16
印　　张	14.5
字　　数	215 千字
版　　次	2018 年 7 月第 1 版　2021 年 3 月第 2 次印刷
书　　号	ISBN 978 - 7 - 207 - 11415 - 0
定　　价	40.00 元

目　录

治　校　篇

育 人 篇

为 教 篇

开展传统文化教育，
实现中华文明传承

　　青少年时期是人格发展的关键期，也是人生的奠基时期，可以说，中学时代的教育是关系到一个人一生命运的大事。让中国的传统文化礼仪兴盛不衰也是教育工作者义不容辞的职责和义务。作为肇东市第十一中学的校长，在学校的管理与教育活动开展过程中，我一直秉承着继承和弘扬中国传统文化的精髓，完善学校德育体系，培养广大青少年学生爱祖国、爱家乡的高尚品德的教育理念，让学生们在传统文化学习过程中认识自我、发展自我、完善自我，通过引领，使青少年走向高尚道德品质的新境界。把中国优秀传统文化作为中学素质教育的重要内容也具有极其重要的现实和长远意义。

　　一、要分析中学生的生理、心理特点，选择适合他们的文化传承方式，使效果最大化

　　中学时代是开展基础教育的最好时机，也是全面开展知识与能力、情感态度与价值观教育的好时机，在这个阶段适时地开展传统文化教育，使其全面渗透到青少年生活的每一个角落，让中华民族的节日、饮食、服饰、礼俗、技艺以及民族英雄、历史记忆融入青少年的血脉当中，这将决定每个学生成长发展的底色与底蕴，使中华民族优秀传统文化得到认同，并不断焕发出新的生命力。

　　针对中学生的这些特点，我校在开展传统文化教育时，结合民族节日，设计了寓教于乐的传统文化活动——"向民族英雄献礼""我为节日献诗""老师我想对你说"等活动,同学们或读或诵,以文抒情,斗智斗勇,出口成章,在活动中增强大家的凝聚力,传承了中华民族传统文化,弘扬了中华民族精神。

当前部分中学生盲目崇尚国际化,满嘴说出的都是莎士比亚、狄更斯,却对孔孟老庄、四书五经知之甚少,与他们交流,要让他们懂得越是民族的越是世界的。要想取得他人的尊重首先得自重,而自重的前提是要有民族文化自觉。

初中生处在一个人生观尚未形成的阶段,家长的参与一直是各项活动开展的良好方式,学校的家长委员会以及家长学校、家庭教育指导机构应积极组织学生和家长共同参与传统文化体验、实践活动,共同营造弘扬中华民族优秀传统文化的家庭教育氛围。

针对初中生的青春期特点,我校开展了以"感恩父母"为主题的各项活动,邀请学生家长参与,通过"请让我来告诉你""爱要说出来""我要感谢你"等多个板块,让母亲来讲述孩子可爱的时刻,让孩子把记忆中最深刻的母爱当面表达出来;在每年召开的运动会上,增加亲子项目"快乐满筐""运乒乓球",邀请父母双亲共同参加,互动中增进亲子关系,使孩子们能有一颗感恩的心。对他人怀有一颗感恩的心,犹如掌握了人生宫殿大门的钥匙;让同学们体会到,他们正沐浴着母爱织成的阳光、吮吸着充满母爱的琼浆玉露。母爱伟大,父爱亦然,父母给予我们的是他人所不能及的无私的爱。

二、在中学生中开展的传统文化教育,要做到知行合一,实现中华文明真正意义上的传承

中华民族传统文化最主要的特征之一就是知行合一,知识传授与修身修行并举。学习诵读典籍,不是为了在别人面前显摆卖弄知识,而是重在修身律己。中华历史上所尊崇的是自省、克己、慎独、宽人的人格品质,都是注重个人修行的具体表现。学校在开展传统文化教育时,不只是单一的诵读,还结合现实生活进行解读,使青少年的行为与优良传统相结合,更好地做到知行合一。

三、从学校的实际出发,积极为学生营造学习传统文化的氛围

完善图书室、班级图书角,利用板报和橱窗宣传、弘扬中国优秀的传统文化,注重环境育人,修建文化长廊和文化广场,修建教室、宿舍墙壁文化,建设网络文化教育平台,利用先进的读书设备,更全面、灵活地开展传统文化,鼓励家长一起参与到学校的传统文化学习中来,营造浓郁的传统文化氛围。同学们畅游在书的海洋,汲取着中国优秀传统文化的精华!努力营造浓郁的书香校园,让学生沐浴在传统文化的春风里,自觉地去明辨是非、遵纪守法,自觉地去弘扬中华民族优秀的道德思想。

四、积极开发和充分利用教学资源,开展多样化的课程及活动

中华民族优秀传统文化内容非常广泛,从现实出发,渗透到其他学科,将中华民族优秀传统文化教育的内在要求反映到中学各个学科的课程中,在各学科教学中加重体现中华民族优秀传统文化的内容;让学生对中华民族优秀传统文化的丰富多样的内容有所了解、有所感受、有所亲近;让学生在参与形式多样的中华民族优秀传统文化实践活动中获得知识、能力与道德体验。

我校一直坚持进行"每日诵读经典"活动,早读《三字经》,晚读《弟子规》。以班级为单位,每周一节的传统文化课,可以解读《大学》,以感受古典文学之美,也可以分享《中庸》,领略中华文化的魅力,也可以学习传统文化中的礼仪，模拟古时候师生之间的问候，让同学们在生动有趣的活动中更加热爱传统文化，激发学生学习传统文化的兴趣，在坚持中营造经典、和谐的校园文化氛围。

每年以"五四"青年节等为契机，在学校各年级学生之间开展"校园诗词大赛"，同时作为肇东市初中代表队，积极组织备战绥化市初中诗词大赛，并取得团体第二名的好成绩。通过古诗文的呈现，不仅要让他们多学习知识，更多的是一种情感的、民族性格的熏陶。激发了他们学习古典文化、吟诵中华诗词的兴趣，丰富了校园文化建设的内涵。

每年一次在全校开展"古文写作大赛"。让同学们在诵读以外，还能运用古文字的韵味来描绘现在生活中的趣事，让学生从博大精深的古文中汲取营养，涵养心灵，体会做人、做事的道理，收获了诸多成长，而且对中华民族优秀传统文化的弘扬和传承起到了积极的作用。引导学生感悟精神内涵，增强对中华民族优秀传统文化的自信心。

通过开展中学阶段中华民族优秀传统文化教育，对于丰富当代中学生的民族文化知识、培养良好的道德品质、陶冶学生的情操、提升精神境界、塑造健全人格具有潜移默化、不可替代的作用。作为一个教育者，有责任在教育的过程中大力宣传和弘扬中华民族优秀传统文化，要在孩子们吸收课本文化知识的同时，用中华民族优秀传统文化浸染和熏陶他们，了解中华民族传统艺术中所蕴含的正确的人生观、价值观，通过开展多样化的传统文化教育，实现中华文明代代传承。

创建文明校园，形成良好校风

学校是一个育人的摇篮，是一方纯净的沃土，不仅是我们学文化知识的课堂，更是树人树德之圣地。校园的文明直接折射出社会的文明。中国是一个有着五千年历史的文明古国，中华民族素来是谦恭礼让的文明礼仪之邦。文明礼貌是我们学习、生活的根基，是我们健康成长的臂膀。我国教育家陶行知先生有一句名言："千教万教教人求真，千学万学学做真人。"说的就是老师不但要教育学生学知识，也应该教育学生学做人，学做文明人，学做社会中人，只有这样，我们才能真正做到"爱国守法，文明诚信，团结友善，乐于奉献"。

营造文明有序、充满文化气息的生活环境，是文明礼仪教育顺利实施的有效保证。创立一个整洁、优美、文明的校园，会使人振奋精神，提高学习效率，提高生活质量，还可约束孩子的不良行为。

现在我校到处可见一道亮丽的风景线：每天早晨，我们都能看到我们的学生穿戴整洁，精神饱满地背着书包，一路纵队走进学校，然后我们听到的是琅琅的读书声；每天中午放学，我们的同学在班主任的带领下井然有序地离开校园；晚上放学，我们的值日生同学会很自觉地把教室、走廊打扫得干干净净。

校园文化，营造整洁、优美、文明的氛围。良好的氛围能给学生潜移默化的熏陶。校园环境做到布局有科学性、布置有教育性、整体有陶冶性。如：在上下楼梯处、走廊、卫生间、洗手间的墙壁上都写有文明礼仪的提示语，让学生时时受到提醒，置身于良好的教育环境中。使整个校园显得整洁、清新、优雅,每个角落都充满文明的气息,达到"润物细无声"的效果,从而达到净化心灵的目的。

教室内凸现班级核心文化,让教室的每个角落、每个侧面都能说话,如班级奋斗目标、班训、班徽等等。各班级还根据自己班的实际情况,把学生中涌现出来的先进事迹写成文,做成风采短片,利用大屏幕进行展示,使整个空间充满育人的气氛。班级里,学生的物品摆放整齐,每名同学都有自己的整理柜,做到放取自由。从而每名同学都养成了自己动手整理的好习惯。

公共设施呈现文明化,卫生间是日常生活中不可或缺的场所。恰恰不起眼的卫生间代表了一个学校的文明程度。我们在卫生间布置了文明标语,外面的洗手间梳妆镜上,写有"文明礼仪"的提醒语,每个孩子在整理仪容仪表时,都会时刻受到提醒。

文明礼仪教育需要把做人的道理或做事的准则,渗透在易于被学生接受的活动中。我们通过开展丰富多彩的活动,实践文明礼仪行为,达到寓教于乐的目的。组织学生召开"文明礼仪"主题班会,让学生自编、自导、自演节目,演小品、说相声、讲故事等,让每一名学生都参与;成立文明礼仪风采小队,通过文明礼仪风采展示,为全校各班级礼仪教育活动起到示范借鉴的作用;组织学生参加礼仪实践活动,到电影院、敬老院等地进行"实习"。学生讲文明、懂礼仪的好习惯在丰富多彩的实践活动中得到深化,让文明礼仪"随风潜入夜,润物细无声",孕育着学生的心田,逐渐生根、发芽、开花、结果。

家庭和社会对学生的礼仪行为有着巨大的影响。家长是孩子的第一位老师,无论家长有意无意,都必然起到榜样的作用,不是正面的榜样就是反面的榜样,而且这种榜样往往还是孩子不可抗拒的。家长的言谈举止、行动坐卧都对孩子起着潜移默化、耳濡目染的作用。为此,学校成立家长委员会,定期举办家长培训班,提高家长修养,真正使学校、家庭形成合力,有效地教育学生。同时让每位家长都愿意参与德育工作,做文明礼仪教育的热心人。平时教师采取了多种方式与家长进行沟通,如家访、与家长通电话、通信等。在相互沟通中,增进了家长与教师之间的感情,了解了学生的基本情况,使教育更具针对性,大大提高了文明礼仪教育的实效。

创建文明校园,形成良好校风,我们一直在路上。

文化立校,文明立人

——肇东市第十一中学校园文化建设浅述

校园文明建设是培养学生高尚人格,促进学生德、智、体全面发展的重要手段,无论立足于一所学校的现实抑或长远,都有着举足轻重的意义。良好的校园文明是整个学校的校风、学风、教风的综合体现。作为一所学校的建设者、领路人,必须努力去打造这样一个高层次、优质化的校园文明氛围,这样才能让学生去从中感受、思索,从而达到灵魂的内化与升华。

我认为,校园文明建设主要体现在以下几个方面:(1)正确的理念;(2)健康的人际关系;(3)多彩的活动;(4)无私奉献的精神;(5)优美的环境。这些因素,有基础,有核心,有内涵,有延展,互相作用,相得益彰。

一、以正确的理念确保学校文明发展

学校高度重视文明校园的创建工作,建立了由校长、各相关部门负责人组成的"校园文明工作领导小组"。依据校园实际制订出可行且合理的具体工作规划和实施方案,制度严明,管理精细,各项措施安全运行,师生、家校关系和谐,我校因此也被授予黑龙江省第四届"和谐校园"荣誉称号。

二、以健康的人际关系养护文明校园

良好校园文化的核心是文明的人际关系和健康的心理环境。学校明令要求校领导要结合本专业、本职工作深入至一线、课堂及老师们中间去,对教育教学实行"包挂制",这样一来,每位校领导对自己所包处室都分外了解,有的放矢地安排工作,人尽其才,物尽其用,及时发现并处理工作过程中出现的问题。

此举不但使我校的人际关系更为文明、融洽、向上,而且"导学课堂"这一先进教学模式业已得到推广深入,整体提升了学校的办学水平,并取得了丰硕的教育教学成果,自建校以来我校连续多年摘取中考成绩第一的桂冠,我校2012年中考重高、普高升学率均居全市第一,尤其是在2013年中考中,我校重高升学率达到53%,位列全市之首,得到了广大学生及家长的一致赞誉。

三、以多彩的活动承载文明校园

学校成立了校学生会,在政教处、团委的领导下,本着"自立、自信、自强"的宗旨,参与了早升旗活动检查、校园卫生监督、纪律督察、学生日常行为规范等各项学校常规管理,为学校形成一个"自主自律,文明团结,文明守纪,稳定有序"的绿色人际关系奠定了基础,锻炼了学生们的自我管理能力,铸就了"厚德博学、求真至善"的学校精神。

另外,我校还设立年度"校园十星"的评比,通过树立榜样,创设条件,十星育百星,辐射全校,让学生在实践中懂得人要做自己言行习惯的主人。

此外,我校从建校伊始便开展国学经典学习、传统文化经典诵读、"践行新八德"等系列活动。坚持每天早上五分钟经典晨读,使每个学生都成为新八德的践行者,同时开展了感恩教育,要求学生从帮助长辈做一次家务、为长辈洗一次脚做起,回报父母的养育之恩。以每月一次孝行作业的形式与家长沟通,评出"小孝星"和"自理星",每学年评出"践行八德好学生",以提升学生的人格。

在汉字听写大会活动中,我校积极备战,选派优秀语文教师指导选手备赛,分工负责《现代汉语词典》中所有音序下的重难点字词过关训练,三千五百常用字训练,人名、地名等分类训练,并组织师生及时调整训练的内容和方向,废寝忘食,惜时惜功,以期提高效率。最终我校代表队在绥化市第二届汉字听写大赛中力压群雄,一举夺得大赛团体第一名的好成绩,包揽大赛个人前四名,并在省汉字听写大赛中取得团体第四名的好成绩!

我校还以校报、板报、网站、校园广播站为载体,以"全校学生大课间"等大型活动和"清明节祭扫""庆五一,迎五四"等节日活动为契机,制作心愿卡、手抄报,召开主题班会,精心打造一个个师生参与的文明平台:我校是全国200家足球基点校之一,每学期都会组织全校规模的足球比赛、花样跳绳比赛、呼啦圈表演、参与广场舞"小苹果"的编排等,寓教于乐,充分发挥学生的体育潜能,使整个学校呈现出一种昂扬文明的态势。我们还积极关注教师的健康,组织教师篮球赛、乒乓球赛,由专业体育教师编排健身舞,带领教师走圈锻炼或做瑜伽等,强身健体的同时愉悦心情,使全校教师乐于工作,文明上进。而我校也因此连年被授予"肇东市体育先进学校""绥化市体育模范学校"等荣誉称号。

我们深谙教育合力是文明校园的保证,因此常常与所在社区联谊,与关工委合作举办各类活动;与公安局、交通局、地震局、法院等部门结成友好交流单位,邀请各单位专业人士来校做与安全、法纪相关的各类讲座;成立家校联盟,建立家长委员会,开通校讯通工程,完善家校、社会与学校之间联系的绿色通道,努力形成教育合力,力所能及地争取社会各界的支持,协助学校解决办学过程中的困难和问题。努力为学校教育营造良好的外部环境,实现学校、社会、家庭三位一体教育。

我们还将这一文明的理念贯彻到对外交流中,学校先后接待过美国、日本等国教育友人,并在国际生态组织的指导下,与俄罗斯学生就生态环保问题进行研讨,并获得了赴俄交流的机会,十一中学已然成为学生学会做人、学会求知、学会健体、学会合作的富含激情与个性的健康文明天地。

四、以无私的奉献诠释文明校园

帮扶困难学生一直是我校创建文明校园工作重点之一,我校把解决家庭贫困学生上学难和努力改善办学条件,提高办学品位,当作学校工作的一项重要工作内容来抓,积极采取有效措施,每年都会协调和动员学校及社会力量开展捐资助学活动,取得了显著实效。

在重大灾难中,有我们的身影,如:在汶川地震中,我校师生共为灾区捐款达18万余元;玉树地震中,我校又向震区捐款达6万余元;在平时的扶助特困生工作中,有我们的行动,如现就读于清华大学的我校学子田××、双耳失聪女孩韩××、单亲家庭的崔××等百余名同学都得到了校方的切实帮助,顺利地完成了初中学业。学校还先后救助身患重大疾病的同学数名,累计捐款数十万元;在"城乡携手"活动中,有我们的努力,我校先后与五里明中学、德昌中学等几十所乡镇学校联手,给予其物质及课程上的帮助。我先后与五里明中学张××同学、本校崔××同学等结成帮扶对子,在生活和学习上给予孩子无私援助,直至孩子进入大学。近期我校又与哈尔滨报达学院合力资助校内17名贫困生,解决其燃眉之急,使其静心学习,安心生活,得到了社会各界的一致赞誉。

五、以优美的环境温馨文明校园

(一)加大经费投入,科学规划校园整体布局

我们以优化育人环境为切入点,以营造高品位的文化氛围为突破口,不断加大经费投入,对校园进行了布局调整,美化、绿化了整个校园,使学校绿树成荫、鸟语花香、美丽幽雅。走进校园,仿佛走入芝兰之室,花木苍翠,生机盎然,一草一木诠释款款深情,一景一色彰显浓浓关爱,桃李葱茏,相映成趣,营造出一道亮丽的育人风景线。学校先后被评为"国际化生态学校""国家级绿色学校""省花园式单位"等荣誉称号。

(二)重视人文建设,提高校园文化品位

"处处是教育之地",是我们力求让校园自然环境和人文环境体现出学校文化特有的文明统一的校园建设原则。教学楼整体围绕习近平总书记"十六字箴言"主题设计,从一楼、二楼的德才兼备,三楼的情理兼修,四楼的勇于开拓,到五楼的志存高远,浑然一体,高雅大气。墙壁上的古今圣贤名文,别致的表格设计,每间教室内墙设置"校园文明"宣传板,抑或老师办公室的窗贴和正厅玻璃门的腰线上的文明礼仪的温馨提示。这些独具匠心的细节设计无时无刻不在激励着青少年的爱校之情,报国之志。润物细无声,墙壁会说话,花草也赋诗,设施能启智,学校的一草一木、一砖一瓦都成为知识的载体,力求通过精心谋划,把教育目的和科学文化知识融进校园的每一个角落,近期我校被评为全市唯一的"中华诗词创作教育示范学校"。

　　文明校园为我们带来了动力,提升了我们的办学品位,增强了我们的办学竞争力。我校校风纯正,教风优良,学风蔚然,先后被评为"全国校园文化建设百佳示范学校"、黑龙江省"安全文明校园"、省"德育先进单位"、省"职业道德先进单位"、省"课程改革先进集体"、省"地方课程实验工作先进集体"、省"社会主义核心价值观德育学校"、地级"双全"先进学校、绥化市"教育系统先进集体"、地级"教学管理先进学校"、市级"教育工作先进标兵"等,赢得了社会各界的一致信赖与好评,实现了学校的文明跨越式发展,为全面提高教育教学质量打下了坚实的基础。

浅谈校园文化在德育工作中的作用

校园文化是学校德育工作的重要组成部分,是提高青少年学生思想政治道德素质的有效载体,也是在市场经济条件下加强和改进德育工作的重要内容。

一、正确认识校园文化的地位和功能

德育工作是学校的首要工作,是培养合格人才的关键环节。实现德育工作目标,全面提高青少年学生的政治、思想、道德素质,激发他们热爱祖国、勤奋学习、讲究公德、立志成才的高度热情,我们不仅要发扬思想政治工作的光荣传统,坚持引导教育和做好思想政治工作,而且要充分发挥环境、氛围、舆论导向等校园文化在育人中的作用。这是新时期推进素质教育,加强和改进学校德育工作的一项重要课题。

随着我国政治经济体制改革的加快和社会主义市场经济的逐步建立完善,为经济发展提供了生机和活力,同时也为加强学校德育工作提供了广阔的空间领域。但是,我们也必须看到,有许多新观念、新思潮进入了学校,青少年学生思想敏捷,接受新事物快,但是,他们政治还不成熟,思想可塑性强,在商品经济大潮的冲击下,容易滋生拜金主义、利己主义和享乐主义的思想倾向,解决这些问题,主要通过多种形式和渠道对青少年学生进行马列主义理论、历史传统以及革命理想、奋斗目标和献身精神的教育。这些正规的教育、学习渠道只是一个方面,更重要的是要增强文化育人的意识,通过校园文化这个载体,通过生动活泼、集思想性与知识性于一体的校园活动来对青少

年学生进行思想政治教育,成效将会更加显著。由此可见,校园文化在德育工作中处于不容忽视、举足轻重的重要地位。

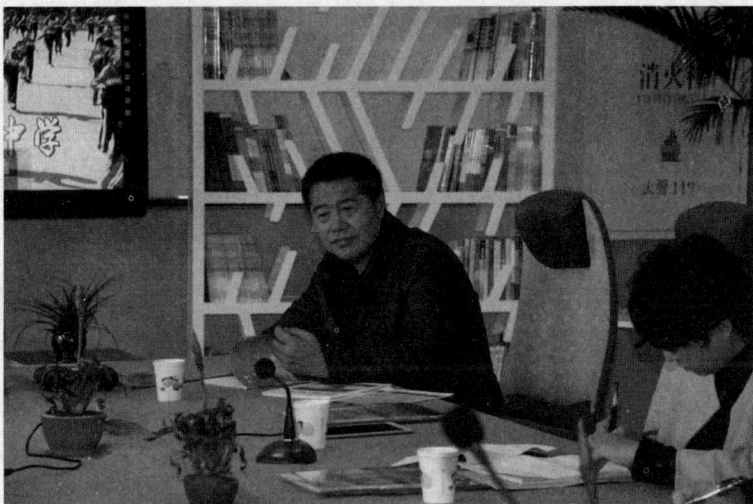

　　校园文化在学校的德育工作中,具有其他内容和形式所难以取代的特殊功能,主要表现在三个方面:

　　1.塑造功能。校园文化具有明显的个性特色和可调控性。它虽然与社会文化有许多相同之处,但又有别于社会文化。我们可以利用校园文化的这种可调控性,按照基础教育的人才培养要求,在加强德育工作中,倡导一种精神,构建一种环境,创造一种氛围,在春风化雨、润物无声中帮助学生树立科学的世界观、人生观和价值观。

　　2.导向功能。校园文化渗透着优秀的社会文化和民族文化,具有强烈的导向性。我们可以按照学校德育工作的目标,突出校园文化的主旋律作用,宣传具有时代特征的先进集体和英模人物以及身边的好人好事,弘扬积极进取、奋发向上、勇于开拓、无私奉献的时代精神,倡导尊老爱幼、文明礼貌、助人为乐、解危济难的道德风尚。通过校园文化的舆论导向,使青少年学生树立良好的思想道德观念。

　　3.制约功能。健康有益的校园文化,会促进良好的校风、学风的形成和学校各项规章制度的建立与完善,这对学生无疑会起到制约和规范的作用。在学生意识到校园文化对自己的学习、生活和健康成长的重要性后,就会自觉地抵制社会各种不正之风,严格规范自己的言行,形成特有的学校群体的精神风貌和文明水准。

二、精心营造良好的校园文化氛围

加强校园文化建设,营造良好的校园文化氛围,这对学生的健康成长将会起到潜移默化和熏陶的作用,也会直接影响到校风建设。我们要探索规律,不断创新,积极引导,为校园文化建设注入新的生机和活力,保证校园文化沿着正确的轨道健康发展。

1.校园文化建设要突出特色。各类学校都要从本校的实际出发,根据学生的年龄特点、学校的培养目标,确定校园文化的基调。要紧紧围绕提高学生思想、道德素质,成为"四有"新人这个核心,突出不同阶段的重点,在小学要以养成教育为重点;在中学要以理想、信念、道德准则、行为规范教育为重点;在职业技术学校要以加强世界观、人生观、价值观教育为重点,构建和营造校园文化的格局和氛围,形成各具特色的校园文化,通过特色教育活动,培养不同阶段学生所特有的思想道德素质和精神风貌。

2.开展健康有益的校内活动。要在各类学校中深入开展说文明话、办文明事、做文明人、创文明班、建文明校为重点内容的精神文明创建活动,增强学生的文明意识。要利用节假日和重要纪念日组织学生开展形式多样、健康有益的文体活动,这些活动不仅使学生受到爱国主义、集体主义、社会主义的思想教育,陶冶了情操,经受了多方面的训练,施展了才华,提高了专业技能,还促进了积极向上、生机勃勃的校园文化的形成。

3.引导学生参加社会活动。组织学生参加社会活动是校园文化活动的延伸和升华。社会活动丰富多彩,覆盖面大,为学生的健康成长提供了良好的文化气氛。要利用寒暑假、节假日,组织学生深入社会调查,观看爱国主义影视剧,参加社会大型文体活动,参加义务劳动等社会公益活动。通过这些活动,对学生进行革命传统和基本国情教育,让他们加深对改革开放的认识和对两个文明建设的再认识,更多地了解社会,拓宽知识面,把学生的思想脉搏同国家的发展联系起来,带动整个校园文化向较高的层次发展。

三、加强校园文化的管理和规范

校园文化对青少年学生的健康成长至关重要，我们必须切实加强管理和规范，促进健康文明、生机勃勃的校园文化的形成。

在深化改革，扩大开放形势的推动下，学校的校园文化空前活跃，可以这样说，凡是社会文化存在的现象，都可以在校园里找到它的踪迹。校园文化的活跃，是社会主义文化在校园的反映，是经济繁荣、思想活跃在文化上的折射，是深化改革带来的正常现象，但是我们也必须看到，活跃之中也存在着一些不容忽视的问题，一是价值取向偏离。市场意识、经济头脑和竞争观念在学生中产生了一定的影响，有些政治、思想、道德教育收不到应有的效果。二是活动目的不明确。有的学校脱离学生的实际，盲目追求新奇和轰动效应，影响了活动效果。三是管理制度不健全。对于有些带有色情色彩的歌曲等文化内容也渗透到了校园文化之中。这些问题应该引起学校领导的重视，通过加强管理和规范，认真加以解决。

在校园文化的管理上，首先要切实加强领导。各类学校党组织要把校园文化建设摆上重要位置，纳入学校总体规划之中，建立操作性强的规章制度，定期讨论、认真研究、精心设计、严格把关，保证校园文化健康有序地发展。其次，规范校园文化内容。校园文化必须围绕为经济建设培养"四有"新人这个根本任务而展开，无论它的品位和内涵，都要比社会文化有更高的要求，要把体现学校特点和校园精神作为主旋律，时刻牢记宗旨，加强对其调控和规范，防止价值取向的偏离。再次，加强基础设施管理。在校园文化基础设施建设上，各类学校都投入了大量的资金，购置了先进设备，为校园文化的活跃创造了良好的物质条件，要切实加强基础设施的管理，不断地更新和完善，使其在加强德育工作、培养"四有"新人中发挥应有的作用。

他山之石，可以攻玉

——实施"走出去""请进来"战略，加强师资培训

随着时代的高速发展，教育体制的不断更新，中小学教育正在推进新一轮课程改革。新的教育形势要求教师必须与时俱进，不断更新教育教学观念，遵循教育发展的潮流，不断获取新的知识。为进一步加强我校师资队伍建设，促进教师的专业发展，大力培养科研型、学者型教师，我校不惜加大投入，采取"走出去""请进来"的方式，努力提高全校教师的教育教学水平。

一、选派优秀教师"走出去"，一人学习，集体受益

俗话说"读万卷书，行万里路"，师资水平的培训、提高需要借鉴先进经

验。选派优秀教师"走出去",参观学习名校名师先进的教学理念、精湛的教学技艺、精当的管理方法,能够开阔眼界,拓宽视野,大大提高教师的业务水平。

2017年4月,我校派出张海霞、杨清平两位老师赴北京参加百师教育的培训,聆听了全国十佳班主任、全国数学特级教师、全国著名命题与考试专家高慧明老师的《追求优质高效的班级管理》的经验介绍,回来后两位老师表示受益良多,分别在校内对全校班主任进行了题为《班主任专业能力培养与动力激发》和《班级教育活动方案设计与活动形式创新》的校本培训,给全校班主任工作带来很大的启发。

2016年10月,我校刘佳老师参加全省德育工作会议。会上聆听了全国著名班主任、西南大学聘任的班主任培训专家、"国培计划"指导教师杨卫平老师的讲座——《智慧教育,从心开始》,学习了杨老师的先进的辅导理念、个性的辅导艺术、学生的心理状况分析与心理启发教育,她深受启发。回来后在她的班级中尝试运用这些先进经验,收到了很好的效果后又在全校推广。

2017年我校乔馥老师参加全国十一五重点科研课题"传统文化与语文教学"的研究工作,赴京参加结题并参与了"全国初中语文教师第二届教学大赛"及课后的论坛活动,来自全国的优秀教师风格各异的教育智慧与教学风格让乔老师深感佩服。老师们教学过程中对学生生命的关注及对教材的独特解读更让她感触颇多！她表示这次学习仿佛又给她打开了一扇门，一扇执着求索、精益求精的门。现在，乔馥老师已经成长为"全国百佳语文教师""全省模范教师"了，她还带动了全校语文教师深入钻研教材教法，各自形成了自己的教学风格。

近三年来，学校组织教师参加国家、省、市、县（区）培训 200 余人次，累计花费万元。校本培训受训面积达 100%。每学年学校参与连片教研活动至少 4 次，教师交流比例达到 85%，面向全部学科。外出学习的教师积极踊跃地将学习到的经验分享给大家，及时将"外面的精彩"应用到工作中，有力地推动了我校师资水平的提高。

二、将教育专家"请进来"，互动交流，提升质量

为拓宽师资培训渠道，我校为全体教师搭建"与名师对话，和专家交流"的平台，将省内外知名教育专家请到学校。名师、专家、学者们用大量翔实的课例和精辟的点评进一步开阔了参训教师的视野，提升了大家的理论水平。2016 年 4 月，北京市语文名师、"语文方程式学法"创始人王子慕老师在我多次诚心邀请之下莅临我校，为全校语文教师培训全新教法，并为初四中考生做宝贵的考前辅导，进行了面对面的交流。王子慕老师精湛的教学技艺和先进的教学理念深深地折服了全校师生，大家纷纷表示受益匪浅。第二天，我们又力请王子慕老师为全市初高中和小学语文教师共计 300 余人进行辅导，收到很好的效果。

此外，我校还借助网络，全员参与远程教育培训。自 2010 年开始，我校全体教师积极参与了由教育部、财政部联合实施的"国培计划"，受训率达100%。经过大面积、多轮次培训，我校教师学历全部达到本科以上，县级优秀班主任、优秀教师、学科带头人、骨干教师、教学能手占90%以上。

《诗经》中云："他山之石，可以攻玉。"通过"走出去""请进来"等方式进行师资培训，借"他山之石"夯实了教师们的专业基础，激活了他们的内驱力、向心力，凝聚成促进教育发展的强大力量。教师们彰显特长、优势互补、协作创新的团队精神和专业化发展的较高定位，使"创建学习型校园，引领教师专业成长"的兴校强师之道已经成型。广大教师能履行岗位职责，较出色地完成各自的工作任务，特别是广大教师无私奉献、竞争奋进的精神，给社会、家长、学生留下了深刻印象，赢得了社会各界的一致好评与广泛赞誉，学校的教学质量也节节攀升，连续多年摘取中考成绩第一的桂冠，实现了学校的和谐跨越式发展。

一片丹心,无怨无悔为教育

王乃冬,男,1961年出生,中共党员,特级教师,肇东市第十一中学党支部书记兼校长,黑龙江省优秀共产党员,省德育先进工作者,省骨干校长,绥化市第二届劳动模范,绥化市十佳校长,绥化市第一届优秀人才,绥化市第二届优秀人才,绥化市第三届优秀专家。自2002年当选肇东市第六届人大代表连续到第九届人大代表并任常委,兼绥化市人大代表。

下面我从几个方面与大家分享近几年来的工作经历。

1. 作为一名初级中学的行政一把手,中考成绩彰显我基本的业务能力

本人自历任肇东市第五中学、第七中学、第十一中学校长兼书记以来,中

考成绩一直居全市首位,并遥遥领先。甚至2011年与七中分家的十一中学在基础人数少很多的情况下,重高升学率依然遥遥领先,乃至重高人数逐步攀高跃居榜首。终于在2017年的中考中我们十一中无论是重高升学率还是重高绝对数均居全市榜首,并且全市第一、二、三、五名均为我校学生。

2. 七栋教学楼的拔地而起是我为教育事业流血流汗的见证

本人作风务实、工作扎实、为人正派、砺德砺行,从五中新教学楼的落成,到七中旧校址危楼改建及扩建,加上分校(后分为十一中和福源小学)建成,又有新七中庞大教学楼的付诸使用,还有现今十一中新教学楼的拔地而起,这七栋教学大楼无不渗透我的心血和汗水。

3. 紧抓学生、教师、领导的培养,从而创办特色学校是我在教育事业上的逐步创新

本人勤政务实、敢于开拓,教育理念新,提出"教育即是服务"的理念,以人为本,提出"创造适合学生的教育,让学生在十一中得到更好的发展"。坚持以德育为核心,在新课程改革理念的指导下,树立有效教学理念,努力构建务实、高效的课堂教学模式,学校教育教学质量显著提高,办学特色更加突出。我校率先争创国际生态化学校,并于2014年被授予"国际绿旗"荣誉称号,成为省内承担垃圾减量项目的两所学校之一,并且2015年8月接待了俄罗斯生态组织带领的二十多名师生的访问,紧接着我校又派出两批五名(全省一共十四个名额)学生去俄罗斯不同地区回访,谱写了特色、品牌学校新篇章。

本人倾心基层干部的培养和教师的专业成长,为肇东教育界培养干部,输送精英。肇东市各学校历任一把手中高中有两名、初中有四名、小学有一名,他们都曾是作为我的基层或副手逐步成长起来的。除此以外,有二十多名副校职也是我精心培养的。无论是在培养干部还是在建设学校,这两方面工作上我可谓做到了极限,在我市可谓无人能及。在我任职的学校中有乔馥和石艳秋两名省级专家讲师团成员,在我们肇东市也是仅有的两位。在肇东仅有的几名特级教师除我本人以外,我所在学校的贾丽、李玉菲、李景玲都相继被评为特级教师,但凡有走出去学习的机会我都会"没条件创造条件"让老师出去长见识,我所任职的学校教学理念、教学思维均在全市乃至全省处于

领先地位。

4. 豁达的胸襟决定了我的格局

一个教育者的胸襟决定了他的所作所为,我为肇东的全体教师请来哈师大礼仪教师冯教授讲授礼仪课,为全市语文教师请来全国名师王子陌讲授语文教学方法,为全市中小学校长培训、中层培训去省城联系奔波。

5. 我一直信奉做教育是一种修行,而修行就是积德行善

师者德为先,行善乃德之本,我始终不忘初心,一旦遇到家庭贫困或有困难的学生或老师我都率先垂范,竭尽所能。我校在汶川地震中创造了 18 万元之多的捐款数目,我校曾有一个先天聋哑的学生韩××,她身残志坚,成绩优秀,我为她省地四处奔波,终于在初四即将毕业时做了免费耳蜗移植手术,这孩子也不负众望,以 626 分的高分考入省重点高中,还有我连续捐助多年的田××同学考入了清华大学,崔××同学 2017 年也考入哈尔滨商业大学。我校优秀党员李凤霞家境困难,丈夫和她都体弱多病,我带领老师为其捐款 4 万多元帮其渡过难关。

莫道桑榆晚,红霞尚满天。丹心育桃李,满园竞芳菲。愿我分享的工作经历能时刻鞭策自己,能鼓舞到大家。

谢谢!

改变方法，拓展思路，
强化学校思想政治工作

改革开放的大好形势给我们教育战线思想政治工作带来了艰巨的任务。学校思想政治工作是一项复杂的系统工程，在这个复杂的系统工程中，关键的环节是激发教师的积极性，这是我们夺取教育改革胜利的可靠保证。思想政治工作，过去革命的胜利少不了它，今天教育改革离不开它。学校要想实现为跨世纪培养有用人才的宏伟目标，谋事在于人，人是取得胜利的重要因素。学校是人才荟萃的地方，教师群体中蕴藏着巨大的生产力。学校建设活力就会充满希望，教育建设就会登上一个新的台阶。学校的源头在于广大的教师，这一源头发掘得好，活水源源而来，学校就会充满希望，教育建设就会登上一个新的台阶。

一、注重思想政治工作的主动性和能动性，强化"两个环境"的改变

教育积极性是教师外部环境条件和自身素质条件及各种因素作用于教师的综合反映。关于外部环境，我们对教师的思想状况和心理进行过调查和分析。通过调查分析我们发现，对教师思想和心理影响最大的，一是社会大环境，如国际形势的风云变幻、国内经济形势、不正之风、分配上的不合理现象等等。二是个人所处的小环境，如职称、工资、单位人与人之间的关系、家庭关系等等。大环境和小环境常常交织在一起，而小环境对人的影响最为直接。对于大环境，我们很难左右其局势。但可以用"引水浇田"的方式，进行

因势利导。

近年来,我校在这方面做了大量工作,尽了很大努力。如我们每年都按照上级党委的要求,制定思想教育方案,有计划地对教师进行思想教育。这些思想教育包括:理想教育、马克思主义理论教育(哲学和社会理论)、教师道德教育等等。理想,是人的精神脊梁,我们在理想教育中,注重把学校职工的人生理想奠基在马克思主义科学理论的根基上,任何时候都不动摇。我们借助社会主义的力量进行灌输,在灌输中改变了我讲你听、我打你通之类机械的、简单的理解和操作。努力做到真理钻入人脑中去,并不断地加强灌输的能动性和接受的能动性,强化其效。

对于小环境,我们是大有作为的。因为它是微观的,我们可以改变的。我校是具有100余名教职员工的事业单位,改革中所制定的人事、工资等方方面面的政策均会影响到职工情绪的变化。而最能够显示教职员工情绪寒暑表的是教师的家庭关系,个人所遇到的困难等。这就要求我们的思想政治工作做到各个学年组和各个工作岗位,把思想政治工作做到教师的心坎上。改变小环境,就是加强思想政治工作的针对性和有效性。在以往的思想政治工作中,我们对适应大环境的工作做得多些,搞好小环境的工作做得不够。也就是说,思想工作的针对性、有效性不够,这是我们教育战线思想政治工作难度所在,也是我们值得强化的一个重要环节。

二、加强思想政治工作的感召力,扩大人格力量的影响

教师积极性的充分调动,首先要靠真理力量的灌输和人格力量的影响。这里所谓的真理,就是宣传的道理合乎实际,反映了事物的本质和社会进步的趋势。所谓的人格力量,这是校领导以宣传教育者的姿态以其品端、才高、识广等优秀的素质条件所显示的影响力。如果把真理和人格化作杠杆两要素的话,前者是支点,后者是力臂。力臂越长则启动真理的力量也就越大。人格的力量要靠真理的力量去陶冶,真理的力量则需要人格的力量去支撑。真理不会自发人脑,一个出色的思想政治工作者不单靠善辩,而更重要的是凭借其高尚的人格力量去赢得人们的敬佩、爱戴和信赖,从而产生强大的吸引力、感染力、说服力、凝聚力,使说服教育产生以情感人、以理服人、以行导人的高效益。事实上,学校领导者的一言一行、一举一动,对教师的思想行为都有很强的影响力。干部和党员清正廉洁,密切联系群众,办事公道,处处以身作则,作风民主,遇事多与群众商量,就能产生巨大的感召力;反之,则苍白无力。因此,加强党风和廉政建设,充分发挥领导干部和党员良好形象的人格导向作用,乃是化解消极因素、调动职工积极性的一个重要途径。这实在是不用花钱的投入,不必投入的产出,是一种新奇的投入产出观。纵观我校2000年诸多成绩的取得,除了全体党员的积极努力外,校领导班子人格力量的影响是重要原因。在实际工作中,大家一言九鼎,因为他们言行一致,身教胜于言教,从而产生了强大的感召力。在廉政建设上,班子成员严于律己,率先垂范,各项劳动和活动,同志们干在前头,说在后头;累在前头,歇在后头;苦在前头,享在后头。领导的行动就是无声的命令,这就是教师的凝聚力所在。这种凝聚力,就是教师积极性的源泉。

强化人格力量除了领导班子外,更重要的是强化政工队伍。人格力量是由政工队伍整体素质决定的,强化队伍素质是增强人格力量的组织保证。强化政工队伍的关键不在量多,而在质优。

人格的力量不只是量的集合,还是质的闪光。假设我们能请到活着的雷锋讲理想,请到活着的邱少云讲纪律,请到活着的王铁人讲奉献,请到活着的张福才讲他那感人的故事,其效果是可想而知的。然而,如果讲奉献的钻钱眼,讲道德的缺德的话,就会起副作用,群众就不会服气。因此,教育者必须以身作则,必须具备高尚的人格。要想开创思想政治工作新局面,实现思想政治工作的目标,学校领导和政工干部以身作则是关键,我们的困难就在这里,我们的希望也在这里。同时,我们还要多关心教师的切身利益,为教师办一些实实在在的事情,以此来调动广大教师的积极性。

从我校近年来所反馈的信息表明,有的教师存在不满情绪和逆反心理。究其原因,有很多是由于多年来积累的一些实际问题长期得不到解决而引起的。若不把解决思想问题和解决实际问题结合起来,就很难保持教师情绪的稳定。所以,在有条件的情况下多为教师办实事,再辅以必要的思想工作,亦是化解消极因素、调动职工积极性的又一途径。近年来,我校党支部把关心教师当成开展教师思想政治工作的一种主要方法,号召党政领导都来关心教师生活,以此来感化广大教师,激励教师。如改变教师办公、工作条件,为职工尽力解决婚丧嫁娶、病残、就业等方面的难题,为广大教师解决了后顾之忧,使之能够安居乐业,这样就增强了群体的活力和凝聚力,新型的思想政治工作也就达到了预期的效果。

三、提倡精神鼓励的方法,调动广大教师的积极性

思想政治工作的方式多种多样,归纳起来大体分为激励法、灌输法和批评法,而精神激励是思想政治工作的基本方法,因此,调动人的积极性,就要讲激励。激励就是激发人的动机的一种心理过程,每一个正常的人都有一定的积极因素,其积极性的调动既要奖励又要鼓励。如果无止境地奖励,会把追求金钱的胃口吊得越来越高。因此,要改变这种情形,淡化人们的金钱意识,树立高尚的道德情操,就必须运用精神激励法,使之有效地促进和加强思想政治工作。精神激励法是通过外在的积极因素和压力,刺激和鼓励人们潜在的积极因素,使其成为指导人们正确行为的强大的动力。这种方法对做好思想政治工作,调动职工的积极性有十分重要的作用。当有的人表现出裹足不前、动摇不定的时候,激励可以起到使其奋发向上、克服困难,直至取得最后胜利的作用。据专家考证,不经激励的人内在的积极因素只能发挥30%～40%,而经过激励的人,内在积极因素可以发挥到80%～90%。所以,激励对调动职工积极性非常重要。在实际工作中,如何应用激励方法要根据不同类型的人采取不同的方法进行激励。如信仰目标激励、荣誉激励和情感激励,要根据每个人的个性特点和存在的具体问题,选择相适应的激励方法,把共性与个性、一般和特殊统一起来。如对逻辑思维较强,具有一定事业心和较高理想的教师采取信仰和目标激励的方法奏效较大,而对形象思维较强或属于情感型的教师采取情感激励的方法就会收到较好的效果。

人是需要激励的,现代心理学的补偿心理效应原理表明,积极性作为一种被意识到的高级精神需要,一经形成,便要给予及时的激励,人的内在积极因素离不开人们具体行动的激励。也就是说,一定的具体行动在一定具体条件下可以激励引导出人们的积极行为。所以,如果我们采取有针对性的激励,就会使其从工作实际出发,克服困难,摆脱困境,实现工作目标。"问渠哪

得清如许,为有源头活水来。"我们肇东市第五中学近年来发展较快,2000 年被授予"全国创新教育实验校"等荣誉称号。成绩的取得,使我们更加充满了信心。同时我们感到,这些成绩的取得,都是加强职工思想政治工作,调动职工积极性的结果。在今后的思想政治工作中,我们要把调动积极性仍然作为课题和目标,加以研究,加以探讨,加以实现。以上只是笔者的一孔之见,不足之处还望广大同行和专家斧正。

积极开展各项活动，
搞好学生思想素质教育

我们第十一中学是一所现有教职员工101人、学生2 710人、52个教学班的初级中学，随着近几年来教学质量的不断提高，学校声誉在社会上越来越好。在这种喜人的形势下，摆在我们面前的任务就是如何继续更深入地对学生进行思想政治教育，培养德、智、体、美、劳全面发展的跨世纪建设人才。为此，学校领导班子多次召开专门会议分析学生的思想现状，研究制定学校思想政治工作方案，并成立以学校党支部书记王乃冬同志为组长的思想政治工作领导小组，并由政教处、团委具体负责主抓这项工作。通过几年来的工作，我们收到了显著的效果。我们的体会是，拓宽思想政治教育的渠道，根据学生的不同特点，开展各项活动，融思想政治教育于各项活动之中。通过各项活动的开展，多种形式的思想政治教育，在我校学生中正在形成爱党、爱国、关心集体、尊敬师长、勤奋好学、团结互助、遵纪守法的良好风气。回顾几年来的工作，我们的具体体会是：

一、开展活动要有的放矢

学校每项活动的开展，都要根据学生的实际情况来进行，不能盲目地求数量，一定要有的放矢。我们在开展每一项活动前，都要召开领导小组和班主任会议，以及学生座谈会，摸清学生的思想脉搏，掌握学生的思想动向，并根据学生具体情况来进行。比如96届我校初中升高中考试成绩突出，我校师生都很高兴，为了更大地调动广大师生的积极性，鼓励全校学生再鼓干劲，努力拼搏，为再创佳绩而奋斗。经过领导小组会议研究，决定在全校学生中开展"创十佳学生活动"，并制定了十佳学生标准，培养全面发展人才。在开学仪式上学校党支部书记做了动员报告，由政教处宣布了活动方案，师生代表做了表态发言。在日常工作中学校要求十佳学生标准班班上墙，人人掌握，而且必须严格要求自己，努力争取。每月学校都要总结活动开展情况。一年来，我们采取班级推荐、学校综合评比的方法，评选出十佳学生，并在期末召开总结表彰大会。通过此次活动的开展，真正调动了全校学生的积极性，学生的精神面貌焕然一新。除此之外，我们还用十佳学生的生动事迹来教育全校同学，并号召全校同学向他们学习。如二年一班有一名女同学孙××，她学习成绩优秀，但就是不愿参加学校的活动，认为参加活动影响学习。经过班主任和她谈话，鼓励她参加各项活动，并和她讲清学习与活动的关系。通过工作使该同学认识到参加活动的重要性，不论学校开展什么活动她都积极参加。在去年的演讲会上，她用自己的亲身经历讲述了自己的思想转变过程，受到广大师生的好评，并且在期末考试中获得了全学年第一名的好成绩。在上学期参加市里组织的四项全能竞赛中取得全市第一名的好成绩，期末被评为校十佳学生。

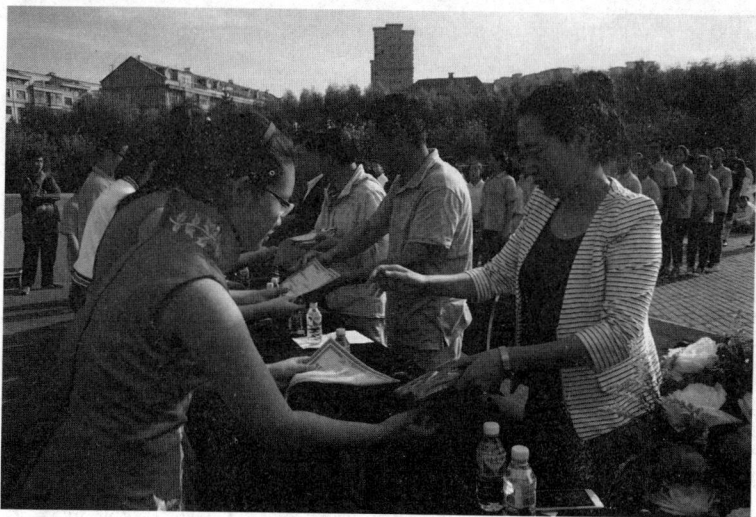

二、开展活动要联系实际

开展活动不能脱离学校的实际、学生的实际,否则活动开展得再多,也起不到对学生进行思想政治教育的作用,也就失去了开展活动的意义。随着我校教学质量的不断提高,校内的一部分学生在思想上产生了只要学习好就一俊遮百丑的不良倾向。他们只顾学习,不爱参加劳动,追求物质享受,我们根据这一情况,通过研究决定召开一次"三爱"演讲会,即爱党、爱校、爱老师,以及建校劳动等活动。在演讲会上有 21 名学生和 3 名老师参加了演讲,他们通过生动的实例和自己的亲身经历,讲述了学生在校期间不但应该学习好文化知识,而且应当学习怎样做人,以适应社会主义建设的需要。这次演讲会使全校学生受到很大的教育。又如建校劳动,我们要求班主任亲自参加指导,在铺学校的甬路的劳动结束后,有目的地让学生写出自己的体会。如一年六班程××同学,她在劳动中砸伤了手指,但她在谈体会时说:"我虽然在劳动时受了伤,但这只能说明我劳动锻炼少,以后多参加劳动就好了,当我走在自己亲自铺好的甬路上,才真正体会到享受自己劳动成果的喜悦和幸福。"在学校组织的两项活动结束后各班还召开了班会,进一步有针对性地对学生进行教育。现在我校已经基本上形成了不但学习好,还要思想好,更要劳动好的良好风气。

三、开展活动要注重实效

要注重开展活动的实效性,也就是注重德育工作的实效。如果不掌握德育工作的特点和规律,只求一般化,尤其不问对象不切实际,只图轰动效应,那是片面的。党的十四届六中全会审批通过的《中共中央关于加强社会主义精神文明建设若干重要问题的决议》明确指出:"加强青少年思想道德教育,是关系国家命运的大事。"青少年寄托着祖国的未来,青少年一代的思想道德建设搞好了,我们的社会主义事业就会兴旺发达,后继有人。作为培养人才的学校必须成为社会主义精神文明的坚强阵地,这也是时代的要求。帮助青少年学生树立远大理想,培养优良品德,既要立足于现实,又要展望未来。所以,学校所开展的各项活动要在结合实际上下苦功。如我们根据现在学生中独生子女居多,他们从小娇生惯养,缺乏集体主义教育,集体主义观念淡薄的现象,学校配合体育组开展广播操、踢毽子、跳绳等大型比赛。这些活动我们要求全校师生共同参加,并要评选出优胜班级。因为这是一项集体活动,所以全校同学热情非常高。我们要求服装统一,同学互相帮助借服装,我们要求班级座位整齐,而且为了活跃比赛气氛,有的同学还从家里带来花束、桌布,从校外借来彩旗。人人都想为班级争荣誉,这次比赛结束后,同学们各个喜笑颜开,从中品尝到了集体的力量,从而也使学生认识到只靠哪一个人是不能取得胜利的。从此在我校又形成了爱校、爱班、团结互助、一人有难大家帮的良好风气。如96届我校毕业生、现考入一中的学生任××患了重病,家里非常困难,学校发出让我们"伸出友爱的手"的倡议,让同学们少吃一个冰棍、少喝一袋冰水、少浪费一张纸、少买几个玩具、多奉献一点爱心帮任××一家渡过难关。通过学校的广播宣传后,全校同学积极行动起来,踊跃捐款,不到一天时间全校同学一共捐款2 100多元,使这项活动收到了良好的效果。

四、开展活动要形式多样

活动形式的多种多样是对学生进行思想政治教育的多种渠道,还要根据学生的不同时期、不同年龄、不同特点来进行。如开学典礼对学生进行爱校教育、组织纪律教育,激发学生的学习兴趣,是调动学生的学习积极性的好形式;演讲、演唱会是对学生进行"五爱"教育的好形式;体育比赛是培养学生集体主义思想,进行团结互助、关心集体教育的好形式;班会是教育学生尊敬师长、勤奋好学、遵纪守法、助人为乐的好形式;建校劳动是培养学生的劳动观点,教育学生热爱劳动人民的好形式。总之,搞活动要形式多样,不能千篇一律,这样做不但使学生有新鲜感,而且也从活动中潜移默化地受到了教育。

总之,要想扎扎实实地搞好学生的思想教育就必须有计划、有目的地开展好各项活动,二者是统一的、密切联系的,既要立足现实,又要展望未来,并使两者有机地结合在一起,才能真正达到提高德育工作水平的目的。

优化教学管理,突出教学中心,
提高教学质量

　　我校在各级党委和教育行政部门的领导下,在兄弟学校和社会各界的关怀和支持下,经过全体教职工的共同努力,各项工作都取得了较好的成绩,学校被评为绥化地区精神文明单位。抓好教学常规管理是提高教学质量的核心,提高教学质量既要有一个安定的环境、正常的秩序,又要有一种比较稳定的管理方式,这种管理方式就是常规管理,抓好常规管理是提高教学质量的核心。

1.确定教学在学校工作中的中心地位,学校的中心工作是教学,教学质量的高低不仅影响着学校的声誉,更重要的是关系到四化建设人才的素质,决定着祖国的未来,由此决定了学校工作必须以教学为中心。多年来我们坚持做到以下三点:一是紧紧把握住教学这个中心,做好全面安排。做到千变万变中心不变,工作再忙,头绪再多,也不能冲击教学,更不能打乱学校正常的教学秩序。二是加强学校工作的计划性,结合我校实际,认真执行国家的教学计划,按教学规律办事,有计划地指导学校的全面工作,做到有计划、有中心、有日程,定期进行检查、总结和讲评。加强工作的计划性,教学工作忙而不乱,有条不紊。三是把主要精力放在教学上,善于在复杂工作中把上级布置的与教学无关的而又必须完成的任务,通过简化、合并、结合等方式去完成,善于以不变(教学为中心)应万变,学会万变不离其宗(以教学为中心)。

2.突出重点,抓好课堂教学。教师的教学工作由备课、上课、作业批改、课后辅导、成绩考核与评定五个环节组成,其中,课堂教学是中心环节,课堂教学是提高教学质量的主渠道、主阵地,是检验教师业务能力和教学水平的主要标尺。一年来,我们要求教师不许搞加班加点的疲劳战术和无边无际的题海战术,要减轻学生的课业负担,千方百计向课堂要质量,提高课堂教学效率,使每个学生、每个学科均衡发展,保证大面积提高教学质量。我们坚持做到四个一起抓,即各年级一起抓、各学科一起抓、好中差生一起抓、第一课堂与第二课堂一起抓。

首先,我们提出教师讲课的基本要求。主要强调遵循认识规律开展教学活动,使教学过程尽可能符合学生的认知规律。如上课要做到"七要",即新旧联系,温故知新,要循序渐进;讲清概念,精选范例,要明白易懂;揭示规律,纵横联系,要触类旁通;突出重点,突破难点,要厚此薄彼;精讲勤练,讲练结合,要手脑并用;启发思维,深入浅出,要引人入胜;传道授业,文道结合,要教书育人。

其次,抓课堂教学的评价。课堂教学评价主要依据"六看":一看教学目的是否明确;二看传授知识是否准确;三看教学基本功是否过硬;四看教学方法是否恰当;五看教学手段是否先进;六看教学效果是否最佳。

3.重视过程管理,严格评估。我们按"预先控制与事后控制相结合""集中控制与分散控制相结合"的原则,为保证学校管理按预定的目标取得最佳效益,不但要注意终结性评估,更重视及时反馈及时调控,优化过程管理。

我们强调过程管理,切实把好平时质量关,建立了三项制度:目标检测的三关制度——节节过关、天天过关、单元过关;质量验收的三级分析制度——单科质量分析、学年组质量分析、学校质量分析;教学水平全方位评估制度——课堂教学检查评估、考核成绩评估、优生差生增减评估。实践使我们认识到,优化教学管理必须遵循发展规律程序性,我校对此不断探索与实践,使学校管理呈现良性循环。

抓教师素质的提高是提高教学质量的关键,振兴民族的希望在教育,振兴教育的希望在教师。没有思想和业务能力水平高的教师,很难教出高质量的学生,为此,我们十分注意加强教师队伍的建设。

1.加强师德教育,树立良好的教风。为提高教师的思想政治素质,我们认真组织教师学习邓小平理论,开展师德讲座,对教师进行职业道德教育,从而提高了全体教师教书育人的自觉性,增强了光荣感和责任感,明确了教师的职责,促进良好的师德和科学严谨的教风的形成。教风是教师素质的具体再现,根据师德标准和校风,我们要求教师在工作中要做到"三爱""四严"。"三爱":珍爱自己的事业,热爱自己的学生,博得学生的敬爱;"四严":严肃的工作态度,严谨的工作作风,严密的组织教育教学活动,严格地要求自己和学生。

2.培养典型,推动全面的力量是无穷的。在提高教师素质的工作中,我们采取典型引路的方法。身边的典型是摸得着、看得见的榜样,更具有激励性、导向性、可行性。所以,我们不仅组织教师学习那些全国有名的模范,而且注意培养自己的典型。几年来我们先后培养了多名省优秀教师,我们通过经验交流、讲公开课等形式大力宣传,让模范在教师的心中扎根,成为他们心中的镜子、行动的楷模、追赶的目标、学习的榜样。

3.实施"四三"工程,促进青年教师教学水平的提高,培养提高青年教师的任务十分紧迫。

一是开展"三训",奠定基础。一训"三字一语",即粉笔字、钢笔字、毛笔字,普通话,要求教师人人过关;二训"讲、作、画",即讲演、操作、简笔画,要求70%的教师过关;三训"微机、多媒体",要求35%的教师过关。

　　二是上好三课,共同提高。"三课"是对新参加工作的青年教师,我们组织他们出"汇报课",请同行老师通过评课指出不足,教给方法,提出改进意见。对于中、老年教师我们让他们出"示范课",这些课要求教学设计具有创造性,学科教学具有指导性,教学方法具有推动性。我们还组织有专长的教师出"研究课",在教学中体现科研课题的研究,体现对素质教育课堂教学结构的探索,对课堂教学改革起到了典型的引路作用。我校校级"汇报课"优秀论文,对于教有特色,写有新意,成果显著者,开阔他们的视野,激发他们不断探求的兴趣。

　　三是鼓励"三修",积蓄后备力量。"三修"是在岗自修、业务进修、学历进修。在岗自修主要是指学历已达标的老师要通过自学文化、业务知识,不断进行知识更新,以适应 21 世纪教育发展的需要;业务进修就是要求教师参加继续教育的学习和骨干教师的培训,不断提高自己的文化、业务水平;学历进修是指学历不达标的老师要参加函授学习,取得相应的学历。通过进行"三修",我校教师的文化、业务水平不断提高,知识结构趋于合理,各科教配套,骨干教师队伍不断扩大,为提高教学质量打下坚实的基础。几年来我们坚持做到"支持教学改革者,奖励教学有功者,保护默默耕耘者,鞭策不思进取者",调动了教师的工作积极性,结果是大家你追我赶、争先恐后地干工作,千方百计地提高教学质量,学校越办越好。

　　抓教学各项规章制度的建设是提高教学质量的保证。学校的管理工作既是一项工作,又是提高工作效率的重要一环。我们在总结了前几年学校工作经验的基础上,学习借鉴了先进学校的新经验,逐步制定与完善了学校各岗位职责与教育教学工作的有关条例,对教师与学生从管理着手,理顺学校内部各部门之间的关系。我们根据目的性、教育性、可行性等原则,先后制定了《领导、教师岗位责任制》《备课制度课堂常规》《作业批改制度》《教师工作量化考核细则》《月考奖励实施方案》《教职工考勤制度》等。

　　为确保各项制度真正落到实处,我们特别注意检查督促这一环节,并采取领导包处、主任包组的办法,使每一个日常管理事宜都有其必须遵循的规章,成为相对稳定的工作准则和行业规范,使学校管理工作形成定规,学校工作有章可循,纳入正常轨道,形成一个一级抓一级、层层落实、人人负责、职责分明的格局。人有定岗,岗有定责,从而保证了教育、教学各项工作任务的圆满完成。抓教学研究活动的开展是提高教学质量的重要途径,为把教师精力集中在研究改进教学、提高教学效率上来,我校开展了"分层教学、分类指导、全面提高"的教改实验,促进了教学方法、学习方法和考试方法的改革。所谓的分层教学(同班分层次教学),就是教授同一教学内容时,从一个班级优、中、差的不同知识水平和接受能力,以相应的三个层次对教学深度和广度进行合讲分练,使每个学生都在自己原来的基础上学有所得、思有所进,在不同程度上有所提高。分层教学有其特点:教学内容的梯度性;教学对象的全面性;教学程度的针对性;教学效果的同步性。所谓"分类",即教师在备课、授课、布置作业、课后辅导、考试等方面,体现出"区别"。我们试行分层教学,分类指导的做法是:

1. 因材备料。在了解学生上多下功夫,掌握每个学生的基础水平、接受能力、个性差异,做到心中有人。针对学生实际,组织教材,对教学内容适度调整,如补充过渡题、简化例题、精选层次题、构思拔高题,确定传授知识的起点、峰点和梯度。精心设计教案,立足教有所别、学有所得,推敲教学细节,优化教学结构,选择最优教学方案。

2. 强化要点。新课开始时教师简介教学内容,指出或渗透给差、中、优生各自应掌握的知识要点,使每个学生都各自有所遵循,明确主攻方向,把主要精力用在适合自己水平的那部分内容学习上,对号入座。

3. 降低起点。这是对差生而言的,适度地降低起点,可确保差生的起步,只有适度降低起点,分散难点,差生方能不掉队。降低起点,自搭桥梁,沿过渡题爬坡,多从直观形象入手,联系生活实际进行拓展。

4. 放缓坡度,"慢拔高"。"慢拔高",差生方可跟上去。"慢"是为了"全",想方设法不使一个学生掉队,一旦全班学生(主要是差生组)上了路,就要灵活变速,慢中求快。我们的基本做法是:从过渡题讲起,以过渡题为引导,发散思维,引向深入。

5. 勇攀禁峰点。这主要是针对冒尖生而言的。教师应视学生(主要是冒尖生)的潜力,不失时机地适度拔高,巧设峰点激励学生勇攀登,立"殊功"。巧设峰点要依据学生和教学的实际,不能想入非非,要水到渠成,不故弄玄虚,要注意多数学生的参与意识。

6.分层次练习。这是分层次教学的重要步骤,是全体学生受益的中心环节,分层教学要体现在分层次练习上,教师要根据不同层次的学生分别指导,因材施教,分层次练习,重要的是选好层次题,层次题越精,分练的效果越好。

7.分层次作业。它与分层次练习一脉相承,与分层次教学同等重要。如同精选练习题那样,教师应对作业题精加工,巧妙处理。选择作业题时,作业题求精不求多。必做和选做结合要求三组学生量力而行,实事求是,独立完成,不抄袭他人作业。

8.梯度测试。测试题由浅入深,拉开档次,确定测试梯度,测试一般分为A、B、C 三个层次,同卷不同题。如试题外有加试题,差生组必答前六道题后再选答两道题;中等组必答前八道题后再选答两道题;优生组必答全十道题再选答加试题。每组的必答题按百分计算,选答题另外加,计总分之内,各组成员不固定,每次测试后适当调整,如差生组前两名要升入中等生组,优生组后两名可降到中等生组。实行分层次教学、分类指导以来,我们解决了两极分化、差生转化等教学上的难题,学生成绩全员提高,尖子生的学习更是锦上添花,如参加数、理、化竞赛获得优异成绩,获省级一等奖的有八人,获省级二等奖的七人,化学共有十人获奖。特长生的培养也取得了显著的成绩,差生组的同学学习成绩有很大提高,我校初中毕业班差生组81%的同学考入了普通高中。

努力做好教师培养工作，
打造精悍教师队伍

国家振兴，教育为本；教育振兴，教师为本。一所让社会满意、家长放心，全面培养学生德、智、体、美、劳全面发展的学校，就要有一批教育教学水平一流、师德修养高尚的教师。因此，学校重视提升教师的师德修养和业务素质是关键。

教师是学校稳定、健康、可持续发展的保证，直接影响学校未来竞争的实力。努力建设一支师德高尚、综合素质优良的教师队伍是提高我校综合实力谋求可持续发展的途径。根据学校发展的需要，我们把加强教师的思想道德建设和师德修养放在首位。

师德修养是教师整体素质的核心,它不仅制约着教师教书育人的水平,而且直接关系到青少年的健康成长,决定着素质教育的成败。

胡锦涛同志《在全国优秀教师代表座谈会上的讲话》,对广大教师提出了"爱岗敬业,关爱学生;刻苦钻研,严谨笃学;勇于创新,奋发进取;淡泊名利,志存高远"这"四点希望",这是新时期师德师风建设的总要求,我们要全面贯彻认真落实,切实加强教师队伍建设,提升广大教师师德师风水平,努力树立教育的良好形象,这是办人民满意的教育的需要;"办人民满意的教育",要加强教师队伍建设。

师德建设作为精神文明的重要组成部分,必须用先进的理论武装教师的头脑。这既是师德建设的重要内容,也是师德建设的方向和动力。师德师风也要与时俱进,体现时代性,把握规律性,富于创造性。简而言之,能否建成一流的学校,与学校的师德师风有着直接的内在的联系。

学校多年来坚持多渠道、多形式地开展师德教育,学校经常组织教师学习《教师职业道德修养专题》《中小学教师职业道德规范》等条例,用正确的思想和理念,帮助教师树立正确的世界观、人生观、价值观,做一个为人师表、以身作则、有群体意识、有责任感、忠于职守、敢于担当的教师。

良好的师德不是一朝一夕形成的,需要持之以恒、常抓不懈,需要有计划、有步骤、有组织地培养、教育,因此,必须体现"师德建设常抓不懈"的基本思想,建立一套师德机制。

教师的教育教学能力关系着教育的成败,制约着课改的进程。因此面对新课改和新形势,教师亟须不断发展和超越自我,学校也自然将提高教师素质和能力的工作纳入重要的议事日程之中,学校根据发展的需要,以提高教师专业能力为主要目标,采取一系列行之有效的方法和策略。

不断充实图书资料,为教师提供丰富多彩的信息资源。创建了具有现代化气息的电子阅览室,教师可以利用空余时间徜徉于信息海洋,足不出户就能及时了解到各地各种课改新动态。

为使教师了解现代教育技术在教学领域中的地位与作用,掌握现代教育技术,能独立完成多媒体课件的制作,增强教师应用现代科技的主动性和自觉性,进一步提升信息素养和现代教学的能力,学校利用教研时间,请计算机专业教师对教师进行培训,促进了教师信息技术应用水平的提高,推动了教学质量的提高。

重视年轻教师的培养工作,推行老教师"一带一"制度,指定一名思想作风好、教学水平高、业务能力强、教学经验丰富的指导教师,充分发挥优秀教师的传帮带作用,帮助年轻教师尽快提高业务素质。

我校加强了教师间的集体备课、相互听课和共同议课,加强集体备课方面,学校按学科、年级分成多个备课组,每个备课组确定一名领导教师,强调在教师独立钻研教材的基础上,定时定点进行集体交流。在校园中营造一种善于合作交流的文化氛围,使教师在相互学习分享经验中,获得共同提高。

学校创造一切必须条件,为每位教师提供一个充分施展个人才华,实现人生价值的宽松环境;创造一切必要条件,使每位教师的提高成为可能。

通过理论学习、教学实践、信息技术运用、教育科学研究及专家指导等形式,培养了教师的教育创新思维能力、学科知识拓展能力、信息技术运用能力和教育科学研究能力。

实施"六、五、四、三"育人工程，
全面提高青少年思想道德素质

人类即将进入 21 世纪，一个崭新的世界将展现在我们面前。这是一个科技、经济、政治竞争十分激烈的时代。实施素质教育是迎接 21 世纪的挑战，提高国民素质、培养跨世纪人才的战略举措，是教育领域的深刻革命。坚持以德育为首，大力加强和改进学校思想政治工作，培养学生具有良好的思想道德素质是实施素质教育的一个重要任务。

根据我校学生的实际情况，实施"六、五、四、三"育人工程，积极开展德育工作，提高学生思想道德素质势在必行。因为现代家庭中独生子女的以自我为中心的富裕家庭子女的消费欲，不良家庭造成的望子成龙的心理压力、金钱刺激、放任等造成不正常心理扭曲与学校教育中的学业负担过重，升学和成绩的竞争压力，不良的教育态度和方式造成学生的不正常心理，压抑了学生思想正常发展。因此，提高青少年的思想道德素质，实施"六、五、四、三"育人工程，成为我校德育工作十分紧迫的课题。

《中国教育改革和发展纲要》明确指出"中小学生要由应试教育转向全面提高国民素质的轨道"，因此，我校德育工作整体思路是实施"六、五、四、三"育人工程，全面提高青少年思想道德素质。

一、以爱国主义为教育主线，抓好"六个"教育

这六个教育是革命理想教育、革命传统教育、民主法制教育、思想道德教

育、劳动教育和心理素质教育。

1.通过班团会等形式对学生进行革命理想教育,使学生懂得什么是理想、怎样才能实现自己的理想、怎样才能体现人生的价值,培养出有理想、有道德的一代新人。

2.通过开展国情知识竞赛等活动进行革命传统教育,使学生真正懂得怎样继承革命前辈的光荣传统,使其发扬光大。

3.通过请民警同志到校讲法制课和开展法律知识竞赛等活动对学生进行民主法制教育,使学生明理懂法、遵纪守法。

4.通过"学雷锋树新风"活动对学生进行思想品德教育,真正做到管好口、把好手、正好形、立好身。不断提高学生的思想道德素质,在校是名好学生,在家是个好孩子,在社会上是位好公民。

5.通过校内及公益劳动对学生进行劳动教育,使学生懂得劳动的意义,真正成为适应社会需要的劳动者。

6.通过对学生进行心理素质教育,使学生的心理机能得以正常发挥,个性品质得到良好的发展,心理潜能受到正确开发,具有良好的心理状态,对学习与生活有较全面的适应性,从而全面提高学生的综合素质,逐步学会学习,学会生活,学会做人。

二、以"爱的奉献"为主题,开展五项活动

这五项活动的开展就是实现学会做人这一目的。即:开展"讲文明,树新风"活动、"送温暖,献爱心"活动、"百部优秀爱国影视片"收看活动、"爱祖国,讲文明"读书活动和社会实践活动。

1.开展"讲文明,树新风"活动,实施"三学四训五净化"教育。一是认真组织学生学习《中学生行为规范》《中学生守则》《创建文明校园十不准》,开展好明礼懂法教育。二是以"规范"为要求,开展好"四训"活动。即:训练学生的文明用语,做到不说脏话、不讲粗话;训练学生的文明行为,做到不打仗斗殴,不闹事;训练学生的文明习惯,做到爱护学校、爱护公物、爱护一草一木;训练学生讲文明懂礼貌,做到尊敬师长,敬老爱幼。三是认真抓好"五净化"达标。即:净化室内环境、净化间操环境、净化校园环境、净化学习环境、

净化校外环境。

2.开展"送温暖,献爱心"活动。①每学期组织师生对新城乡敬老院进行一次慰问。②每学期组织师生进行"城乡携手,共赴明天"活动。对农村"特困生"进行捐资助学。③对本校"特困生"开展捐资助学活动。

通过此项活动培养学生高尚的道德品质和奉献精神。

3.开展百部优秀影视片收看活动,使学生不断增强爱国意识。

4.开展"爱祖国、讲文明"读书活动,使学生热爱祖国、热爱集体、热爱社会主义。加强伦理道德修养,树立正确的人生观、世界观和价值观。

5.每年寒暑假,组织学生到工厂、农村开展社会调查活动。不断增强学生参加社会实践意识,掌握实践经验和技术,为真正成为新一代劳动者打下良好基础。

三、以课堂教育为主渠道,充分发挥四个作用

这四个作用是政治课的灌输作用、各科教学的渗透作用、各项活动的教育作用、校园文化的熏陶作用。

四、以学校教育为主阵地,充分发挥"家庭、社会、学校"三结合教育的综合育人功能

1.学校与派出所开展警民共建活动。

2.定期召开家长会,使学生的学习思想与生活情况得以反馈。

以上是我校在过去的德育工作经验的基础上总结出的初步做法,是以提高学生的思想道德素质为目标,采取总体规划、分层实施、分项指导、全面提高为主的一种尝试。它为新时期德育工作开创了一条新路,仍然是我们在今后的教学工作中,认真研究的一个重要课题。

关于大力推进素质教育的思考

江泽民同志在党的十五大报告中号召广大教育工作者"贯彻党的教育方针,重视受教育者素质的提高,培养德智体全面发展的社会主义事业的建设者和接班人"。这一号召高屋建瓴,必将对全面实施和大力推进素质教育产生广泛而深远的历史性影响。

在即将跨入崭新的 21 世纪、深入实施科教兴国战略的今天,人们已愈来愈清楚地意识到,随着改革开放的不断深入和市场经济的逐步确立,全球经济一体化的形成,未来的竞争将日趋激烈,而经济的竞争、社会的竞争、综合国力的竞争,实质上就是科学技术的竞争和民族素质的竞争。因此,我们不应该也没有任何理由不重视素质教育。从广义上讲,教育是知识传播、创新和运用的最有效方式。可以说,"生产是今天,科技是明天,教育是后天。"社会发展和教育是相辅相成的。社会发展是教育发展的原动力,也是教育内容、教育目标定位的基本依据。而教育发展又是社会发展的重要条件和保证。今天培养的学生,是 21 世纪的人才,今天所传递和创新的知识,是知识经济时代的基础,在一定意义上决定着社会的兴衰。素质教育是基础教育领域中的一次深刻变革,是保证教育方针贯彻落实的有力举措,也是以提高全民族素质为宗旨,以全面提高学生的基本素质为目的的。它面向的是全体学生,而不是少数学生;注重的是德、智、体、美、劳全面发展,而不是单纯地应付考试;培养的是学生的学习能力及自我发展能力,而不是让学生机械被动地接受知识。因此,素质教育与应试教育是两种截然不同的指导思想。应试教育是按照升学的要求指导规范人,素质教育的出发点和归宿点在于按照社会发展的要求培养塑造人,引导学生德、智、体、美、劳和个性健康发展,从而为社会输送所需要的合格人才。

目前,正处于应试教育向素质教育转轨变型的特殊时期,我认为应该认真解决好以下几个问题:

一是要摆正个人本位与社会本位之间的关系。就是要把握好培养目标的价值取向,解决好学生为什么要上学和国家为什么要办学这个根本问题。做到学生上学的动机与国家对学生的期望相统一,必须使学生的知识、能力与他们在未来社会上的地位相一致。使学生看到今天学习成绩的好与坏直接影响明天的发展与社会进步,他们就会深刻认识到知识的价值,就会更加勤奋努力地学习。要真正使知识实现自身价值,还需要社会、舆论特别是政策等方面的积极支持,比如建立宏观调控,组织协调体系,营造尊重知识、尊重人才的社会环境等等。

二是坚持培养全体学生和全面提高教育质量。就整体而言,学生个体之间脑力与体力存在一定的差异,要面向全体学生,教育质量难以全面提高;要全面提高教育质量,又难以面向全体学生。要解决这一难点,就必须加强教育科学研究,真正从学生心理、基础实际出发,循序渐进,因材施教,抓住学生学习动机、学习愿望和学习意志,采取一切行之有效的措施和方法,强化综合能力训练,促使学生形成比较合理的知识结构与能力体系。

三是保证学生合理负担。加重学生负担和简单地减轻学生负担都是有害无益的。学生的时间和精力是有限的,要实现德、智、体、美、劳全面发展,必须首先搞清楚什么是学生合理负担,统筹安排,科学布局,改变课程结构,减少必修课,增加选修课,坚决减轻文化课课外作业负担。同时要切实提高教师自身素质,转变教师以及家长的传统教育观念,不单一地以考试成绩评价学生,做到专业能力、方法能力、社会能力"三线"结合,使其成为健康、向上的未来的社会主义现代化事业的建设者和接班人。

四是认真处理好学生在学习上的个别差异与统一教学之间的关系。传统的教学内容、方式以及考试内容和方法是统一的、一致的,这种教学只照顾了学生的共性,忽视甚至抹杀了学生的个性,不断发展恶化了学生的个别差异与统一的教学内容考试之间的矛盾。要缓解和解决这一矛盾,必须改革旧的教学内容和考试原则,特别是要改变那种"填鸭式""满堂灌式"的教学方法。要重视技能的训练与培养,给学生提供大量的实际操作机会和独立思考、解决问题的机会,通过加强实践的新知识和新内容,并增强综合运用能力,考试内容和方式也要纠正应试教育的偏向,进一步向多样化发展,走好综合能力、运用能力考试的路子,促进学生发挥个性特长,向专业化方面发展。五是在强化素质教育上,还需要整个社会上上下下、方方面面力量的共同参与和大力支持,特别是当前我们国家对教育投入明显不足和乏力在一定程度上影响了教育质量。只有树立教育产业观,优化教育结构,形成多元化办学机制,从根本上保证教育投入,才能把素质教育扎扎实实地推向前进。

浅谈心理素质教育的重要性

在十几年的教学工作中,我发现无论是学习成绩好的学生,还是成绩不理想的学生,在学习生活中,他们都不同程度地存在着某些心理障碍。成绩好的学生往往会有焦虑心理和嫉妒心理,而成绩不理想的学生往往会有自卑心理和厌学心理。这些不正常的心理活动,影响了他们学习的进步,同时也影响了他们个性品质的发展。因此,教学中应十分注意学生心理素质的教育,使他们敢于迎接困难和挑战,逐渐克服负面的心理状态。

一、帮助学生克服焦虑心理

一个人由于智力因素和非智力因素的影响,在学习中与其他人相比,能力和水平上都存在着差异,这是客观事实。但是,有的学生却不能正视这种差异,而是一味地对自己提出过高的要求,这种动机性过强的心理就是负面的心理。如:我教过的一名学生,在初二时一直保持着前两三名的学习成绩,可升到初三后,由于新开设了物理、化学两门新学科,她在学习中表现出有点力不从心。第一次月考,由于化学成绩偏低,一下子被挤到了第十名,由于长期养成的受不得挫折的脆弱心理,使她整天处在焦虑之中。一晃第二次月考来临,她的成绩不但没有进步,反而又有所下降,在心态失衡的情况下学习,使她总是欲速则不达。后来,她怕别人超过她,向成绩好于她的同学保密其他学科的学习资料,结果和同学之间的关系也很紧张,在这双重压力下学习,使她的成绩又下降了许多。我发现了这个问题后,利用寒假把她邀到家里来,跟她谈心,举身边的例子,指出嫉妒别人给自己带来的痛苦和烦恼,查找学习成绩下降的原因,并帮她补上了落下的功课。在下学期的学习中,她重新振作起来,又恢复了以前的自信,保持了一个良好的心态,最终以优异的成绩考上了省重点高中。

二、帮助学生克服依赖心理

学生在学习过程中,养成自学能力和独立完成作业的能力这是非常重要的。如果从小就有了依赖心理,那么在日后的学习、工作和生活中就会经受不住困难的考验。我教过一个头脑比较聪明的学生,他的依赖心理比较强,对老师留的作业,即使是自己有思路、会做,也非要别人说这样做可行他才敢下笔。久而久之,养成了习惯,自己做题得到的答案明明是正确的,自己却信不过,非要跟别人对过答案后,才肯相信。为了帮他克服这种依赖心理,每天我都要利用自习时间把他带到办公室,拿一两个小题让他说思路、让他写答案。这样经过大约半年的时间,终于使他克服了过分依赖别人的毛病。

三、帮助学生克服自卑心理

有自卑心理的学生,他们往往是上进心较强,但学习成绩又上不来,也就是在班级中学习成绩处于中等偏下的学生。去年教过这样一个学生,接课时班主任向我介绍他的基本情况时说:"大脑平滑,连普高也考不上。"这番介绍使我对他的印象格外深。化学的绪言课刚讲过,下课时他就提出几个小问题,我一一地给他做了回答,并赞扬他肯动脑,当时看得出他很得意,也很感激。以后的化学课我发现他听得很认真,而且还不时地举手回答问题,答得也不错,这时我便当着全班学生的面表扬他几句。在后来的学习中,他的化学成绩在班级竟然名列前茅,超过了其他总成绩好的同学(我所教过的班级每年都有化学单科突出的学生)。后来跟他谈心时他说:别的学科上课时,老师从来不提问他,所以他感到自己不行就没有信心,而只有我提问他,还表扬他,不知怎的听了就会,所以成绩就好。在这件事上,使我得到很大启发,我也得到了经验教训:老师对学生的评价过低,往往会使学生产生自卑心理,而恰当的表扬和鼓励以及对学生的关心体贴,更可以使学生消除自卑心理。

四、帮助学生克服厌学心理

学习成绩不理想的学生,往往都有厌学心理,因为他们把学习当成是苦差事,极度缺乏学习热情。比如我现在教的三个班中就有一个班是仅有二十几名学生的班级,人称"劣子班"。这个班的学生是初一、初二、初三甩了三次的学生。刚接课时,这些学生像"弱智儿"似的,根本听不懂所讲的内容,但我并没对他们失去信心而放任自流。我想,厌学的学生也不是先天的厌学,无非是长期的学业失败以及沉重的学习负担和心理负担(学校和家庭施加的)造成的。对待这个班,我采取了特殊的教学方式:首先让他们从机械地记忆一两个物质的名称、化学式入手,再让他们细细地把化学知识从头学起,每节我不在意讲了多少内容,而是在意学生能够接受多少,在化学知识掌握上进行量的积累;上课的形式也不是按常规进行,有时采取谈话式的,有时采取问答式的,消除新学科给学生带来的知识壁垒。当我了解到他们对知识也有渴求时,更激发了我想帮他们克服厌学心理的信心,我经常像聊天似的开导他们,使得师生感情非常融洽。教这个班近一年了,他们已有了很大的变化,现在这个班没有一个人在化学课堂上是干坐生,而且还有四五人达到了其他班级中等生的水平。通过教这个班使我体会到:对待厌学的学生,只要不放弃他们,用心去感化他们、激励他们,他们一定会树立信心重新振作起来的。

总之,教师的教学活动,既是对学生进行心理教育的过程,又是教知识的过程。一个学生只有心理素质好,才能经得住挫折与失败的考验,才能在今后的学习和工作中立于不败之地。因此,教学中加强对学生的心理素质教育是非常重要的。

促进教师专业发展，
提升学校办学质量

近期潜心阅读《校长与教师专业发展》等书使我受益匪浅。对校长如何引领教师有了新的认识，结合自身的经历和学校的发展谈谈我的读书体会。

一、校长支持是促进教师专业发展的前提

教师专业发展离不开教师赖以生存与发展的学校环境的支持。校长要有效促进教师的专业发展，就必须为教师提供必要的资源，发现能给予教师专业发展所需要的时间、资金和鼓励的创造性途径，在教师专业发展过程中扮演支持者角色。

作为校长，应该给教师搭建主动发展的平台，让教师在专业发展中体会幸福和快乐，为教师幸福感注入源源不断的动力源泉，促使他们主动发展。

我校秉持"师资是学校的第一教育资源，培训教师是校长的第一职责"的理念，引领各校着力整合教师教育资源，始终追求师资高质量、培训高起点。聘请专家学者开设专题讲座，从市教科所室、市教师进修学校邀请多位专家深入指导。倡导实施"教学工作课题化，课题研究课堂化"的小课题带动策略，大力推行"学点滴，行点滴，思点滴"的成长策略，把一些成功的经验上升为教学理论，提高了教师的专业发展能力，大批青年教师脱颖而出，成为新的骨干力量。

针对每位教师专业成长点的差异，建立多元评价机制，除了中考奖励以

外,还设立各种奖励,如论文奖、课题奖、优质课奖、课件奖、教学设计奖、教案奖、校本课优秀教师奖、研究性学习指导奖、优秀班主任奖、优秀备课组奖、优秀教研组奖等,努力促进每一类型教师的专业成长。

两年来建立了优秀教师健康休养制度、全体教师每年体检制度、教师健身房和教师心理咨询室等,定期组织教师开展文体活动,从而减轻或化解专业方面的压力和倦怠,增强教师的工作满意度和主观幸福感。

我们把读书活动与教学研究活动、教师办公室文化建设、教师工会活动等工作结合起来。学校每年还为每位教师增订学科杂志,了解学科前沿信息,拓展学科知识内涵。我们在丰富教师生活的同时,让教师们通过读书这一方式,转变生活观念、更新教育理念,以丰富的阅读来滋养内在的心灵。

二、创建学习型学校,为教师专业发展提供良好的环境

我国台湾学者吴明烈指出:"所谓学习型学校,是以学习为取向进行学校革新与发展,重视的是学校各层次的学习,在共同愿景下进行团队学习、改善心智模式、鼓励所有成员自超越、进行系统思考的学校。"创建学习型学校,能最大限度地激发和调动广大教师工作、学习积极性和创造性,在工作和学习中不断实现自我超越,从而不断提高自己的专业发展水平。

为教师多元发展提供尽可能的空间。学校在经费并不宽裕的情况下筹措经费建立起标准的微机室,同时学校根据现代教育的发展建立了校园网站,及时接入了宽带网,满足了师生工作学习的需要。鼓励教师参加业务培训、学历培训和继续教育培训,通过专家指导、师徒结对、校本培训和校本教研,以及基本功竞赛等途径,提升教师的专业素养,努力使不同层次的教师得到不同的发展。

我校以课题为载体,以教研组为单位,开展研究型教研活动;以读书为载体,以读书小组为单位,开展学习型教研活动。采取"合作式"集体备课,对专题复习、写作指导、实验探究、复习效率等内容进行专题研究,依靠本校优势,发挥集体智慧,大家集思广益,取长补短,资源共享,既增强了教师的学习意识,也增强了教师的合作意识,扩大了骨干教师、明星教师的辐射范围,提升了全体教师的教学水平。"合作式"备课是我校校本教研的主要阵地,对我校

教学质量的提升,教师队伍的建设起到了很好的推动作用。尤其是数学、英语组开展得扎实有效。针对夯实基础、指导阅读、提高能力、强化听力四个主要方面,根据教师个人所长,专题到人,以教研组为单位,组织全校英语教师举行4次大型的"两备两讲两研讨"式的集体备课活动。经过4次大型的集体备课活动,教师们彰显特长,优势互补,体现了协作与创新,促进了教学环节的高效。学校还被评为全省"课程改革先进集体"。

三、实现价值引领,提高教师自我发展的内驱力

教师专业化发展只有得到教师的心理支持,教师才可能自觉接受并将其转化为自身的一种自觉行为。为此,我校强调实现价值引领,提高教师的抱负水平,让教师具有自我发展的意识和动力。正如彼得圣洁所说:"有了衷心渴望实现的目标,大家会努力学习、追求卓越,不是因为他们被要求这样做,而是因为衷心想要如此。"

我校把骨干教师队伍建设纳入学校发展规划,并作为学校重点工作来抓,以制订和实施学校发展规划为契机,形成全校教师的共同愿景,以共同愿景来激发教师的进取心。通过制定教师个人专业发展目标,强化教师发展动机,明确发展方向和措施,以开展教育科研为重要手段,以青年教师发展为重点,引导教师修订完善个人专业发展目标,增强达标意识,体验成功,努力建设一支满足学校发展需要的高素质骨干教师队伍。

我校在教师中开展了"树形象、做表率、创新风"师德演讲活动和师德公开承诺活动、教师誓词评比活动等,把忠诚党的教育事业、培养高尚的师德作为道德建设的立足点,从而增强了全体教师爱岗敬业、爱校爱生的热情。我校在全体教师中大力倡导敬业、精业、勤业、思业、乐业、献身教育的精神,倡导"德高为师、身正为范"。现在,无论学校组织什么样的活动,全体教师都主动地参与,从不提任何要求,每个人都心系学生、心系校园,教师以"名师"和师德规范的标准要求自己的一言一行,现在良好的师德师风在我校已初步形成。通过工作和努力,一支素质高、观念新、能力强、人品好、心理素质过硬的教师队伍正日渐形成,名师意识在我校已悄然生根。近年来,我校涌现出了一批省、市、区级优秀园丁、优秀教师、优秀班主任和师德标兵。

四、教师专业化发展是提升学校办学质量的关键

"只有教师的发展,才有学校的发展,才有学生的发展。"我校实施全员过程管理,创造条件让教师参与到学校管理中,增强凝聚力和战斗力。组织行政人员参加专业管理系列培训,提升管理水平与能力。进一步改革学校的组织机构,增强教研组、备课组等传统组织的工作能力,改革评价制度,加大考评力度,奖勤奖优,提高行政效率与公正性。做到人性化管理。实行以人为本,科学、高效的学校管理,积极营造和谐氛围,促进教师自主发展。

我校依托教育科研,走内涵发展之路,我们采取课题带动战略,融科研于教学中,形成以课题带教学,以"新理念、新标准、新课程课堂教学大赛"的教改科研活动,推动教学科研同步发展,齐头并进。教师们在繁忙的教务中,挤压时间,潜心钻研,探寻传授知识的钥匙。通过集体备课、教学反思和教学比武、说课、论坛等活动,促进专业化发展。学校承担和完成国家级教育教学科研课题 2 个,省级科研课题 4 个,市级科研课题 12 个;教师在《语文教学与研究》《现代教育报》等报刊发表论文 40 余篇,获奖的论文有 200 余篇,公开出版了教研专著《素质教育探索》《点靓作文》。我校被确定为"黑龙江省现代教育技术实验学校"和"全国语文教改示范校"。

近年来,在各级各类优质课评比中,我校共荣获国家级课 3 节、省级课 16 节。教师在各级各类教改论文评比中,我校共获区级论文 97 篇、市级 45 篇、省级 76 篇、国家级 42 篇。在《学周刊》《黑龙江教育》等省级以上报刊发表教改论文 14 篇,涌现省级教学能手 2 人,省骨干教师 5 人。学生在市级以上各科竞赛中有 580 人次获奖,在全国各级报刊上有 360 多篇学生习作公开发表,480 名学生在省级、国家级书画、摄影、音乐大赛中获奖。2013 年各项中考成绩再创历史新高,重点率、录取率、及格率、优秀率及六科平均分均名列市直学校首位。

今后在教育教学实践中,始终把促进教师发展作为第一要务,坚持"不断促进教师的专业成长,为学生一生幸福奠基"的办学思想,积极支持教师专业发展,努力打造学习型、研究型的教师团队,建设一支适应教育教学发展、结构合理、师德高尚、业务精湛、身心健康、具有创新精神和实践能力的兰生复旦特色的专业化师资队伍。

初中教育应实施素质教育

《中国教育改革和发展纲要》提出：中小学要由"应试教育"转向全面提高国民素质教育的轨道，面向全体学生，全面提高学生的思想道德、文化科学、劳动技能和身体心理素质，促进学生生动活泼健康的发展，培养"四有"新人。因此，初中阶段实施素质教育尤为重要。

时代要求全面实施素质教育。初中教育是提高全民族素质教育基础工程中的重要组成部分。当今世界科学技术的迅猛发展，世界范围内的经济竞争、综合国力竞争，实质就是科学技术的竞争、全民族素质的竞争，我们中华民族能否在未来的世界民族之林中立于不败之地，实施素质教育迫在眉睫。

特别是初中阶段的教育,它是一项跨世纪的人才工程,为了迎接21世纪的挑战,培养大批高素质的跨世纪人才,初中教育,必须搞好素质教育。下面仅就教育的功能、教育的目的、教学的内容和方法,浅谈素质教育和应试教育对初中教育的影响。

一、从教育功能上看

教育功能问题实质上就是教育观的问题。服务是教育的基本功能,教育功能包括"发展"和"选拔"两种功能。素质教育和应试教育在具体实施的过程中对教育的两种功能有明显的抉择倾向,构成全部教育思想的基础,影响教育工作的实际效果。

1. 素质教育努力完成学生身体素质整体发展。它强调教育发展的功能。素质教育必然以遵循人的身心发展基本规律为自己全部工作的基础。改革开放和现代化建设对人才培养提出了更高的要求,未来的人才是德、智、体、美、劳全面发展,有良好个性心理品质,能适应社会竞争,积极参加社会变革,推动社会发展和进步的建设者和接班人。初中教育是基础教育的重要组成部分,它是把教育的各种功能统一在培养社会主义事业的接班人上。从这个意义上讲,素质教育是适应面向现代化、面向世界、面向未来的教育。

2. 应试教育关注的是如何应试、怎样升学,它总的倾向是注重教育的选拔功能。目前,初中教育受应试教育的影响很深,尽管不公开否定教育要遵循人的身心发展规律这个学校教育的基本原则,但在实际教育教学过程中,真正面向的是如何应试,努力追求的是怎样提高升学率,尤其是升入重点高中的百分比。基础教育的初中阶段,跌入了应试教育的误区,就背弃了自己的根本任务,失掉了自己正确的教育功能。初中教育是义务教育的一个重要组成部分,是国家法定的强制教育,是要求每个适龄儿童必须接受的教育,就其教育功能来说,它的主要任务不是"选拔"问题,而是"发展"问题。

二、从教育目的上看

初中教育的目的反映了社会对基础教育的要求,它是由国家统一规定的,其基本任务是全面贯彻党的教育方针,使广大少年儿童德、智、体、美、劳全面发展,奠定一个未来公民必须具备的良好素质。初中教育必须认真执行努力实现这个目的。但在实际教育教学过程中,真正起导向作用的素质教育还是应试教育各自有其自己的教育目的培养。

1. 在初中教育阶段,素质教育是以全面提高学生的思想道德、科学文化、劳动技能和身体、心理素质、开发智力、培养能力、发展个性和特长为目的的教育,适应未来社会与个体发展的需要为自己的目标,它符合国家对初中教育阶段规定的目的和提出的任务。素质教育是发展教育,素质教育决定了初中教育的任务,即坚持面向全体,全面发展,提高国民素质。

2. 初中教育受应试教育影响,被应试教育所控制,就形成了片面地追求升学率,与义务教育实质背道而驰,为了追求升学率把学生成绩高低当成学校教育教学活动所追逐的主要目标。因此学校的思想道德教育、体育活动、劳动技术都受到忽视。在片面追求升学率思想支配下,出现了教育目的单一、教学方法陈旧、学生负担过重、师生关系不够和谐等标准的升学考试教育。这种教育的种种弊端不同程度地损害了学生的身心健康,压抑了学生个性的健康发展,影响了学生的全面提高。

这种教育状况严重地违背了初中阶段的教育性质和任务,如不改变将危害学生的身心健康,将严重影响未来民族的素质,影响四化建设人才的培养,危及国家前途,甚至关系到整个民族的兴衰。显然,应试教育背离了国家初中阶段提出的教育目的和教育教学任务。

三、从教学内容和教学方法上看

教学内容和教学方法是学校教育用来影响、作用于学生的手段,是实现学校教育目的、培养人才目标的重要条件。初中教育的全部内容和方法,是根据初中教育阶段所培养教育对象身心特点所确定的,是以全面培养与发展学生各方面素质为依据和归宿的。

1. 素质教育认真贯彻国家颁布的教学大纲,执行国家制订的教学计划。国家规定初中教育阶段应该开设基础课程、选修课程、活动课程,要求把这三种课程紧密有机地结合在教学过程中,发挥教师主导、学生主体、训练主线作用,贯彻"三为主"精神,体现"三为主"思想。加强学生基础知识和基本技能学习和训练,重视学生智力与能力的发展和培养,促进学生良好品格的形成。素质教育既然关注学生各方面素质的发展,因此它必然也必须承认学生是学习的主体,承认这个主体具有主观能动性。所以,一切教育形式和教学方法的选择与运用,都要力求充分调动学生学习的主动性、积极性、创造性,注意培养和发展学生的兴趣爱好和个性特长。按照学生的个性特征与个别差异,进行因材施教,使学生德、智、体、美、劳全面发展。

2. 初中教育受应试教育的严重影响,以片面追求升学率,特别是以升入重点高中的绝对数作为唯一的目标。为了达到这一目标,有些地方初中教育教学工作竟违背教学大纲的规定,不顾教学计划的要求,删改课程设置结构。在教育教学方法上出现许多不正确的做法。其一,在课程设置上不执行九年义务教学计划。基础课增课时,选修课不开,活动课砍掉。在教学上,分为"主课"与"副课",把应考学科叫"主科",非应考学科叫"副科","主科"可挤占"副科"时间。其二,加班加点补课延长时间。在课表编排上出现正常授课之外的早课和晚课,节假日、双休日一律搞补课,课表经常变,眼操没有,体活虚设。其三,在时间上学生起早贪黑拼命应酬繁重作业。在校长达十几个小时,剩余时间还得完成两小时家庭作业。其四,在教学方法上,教师利用填鸭式、满堂灌,对学生硬性灌输;学生是采用死记硬背,机械记忆,整天被考试、作业压得喘不过气来。其五,在学年管理上违背管理规律。学生年度升级,打乱原班级按学生考试成绩分成"尖子班""普通班""差生班"。班任选拔,任课分工,教师有矛盾,影响积极性。其六,在差生班师生心理上。"差生班"学生,失掉自尊心,学习不安心;教师无积极性,工作不用心;家长不放心,托人搞疏通。班级不稳定,严重干扰正常授课,师生与家长苦不堪言。其七,班内学生分等。按照学校要求,根据应试学科总成绩把学生分成好、中、差三个等级,即甲、乙、丙三个小组。每次考试有奖励只看少数考评甲组,乙组和丙组多数学生不作评比。其八,任课教师对各组教学态度不同。为了适合考试受奖,只顾尖子生,听课在前排,提问辅导是重点,丢掉大多数,放弃差生,造成两极分化。其九,考试竞赛名目繁多。有周考、月考、课后考、单元考、中考、期考、统考、模拟考,毕业年级临近考期又推出日考。学生不仅应考还要参加数理化、外语、作文等竞赛。层层加码,增加课时,延长时间,搞突击辅导,学生昏头昏脑,应接不暇,干扰正常教学,影响学生身心健康。有些学生经不住一次次考试的榜名打击,便中途辍学。

由于应试教育的影响和导向,致使任课教师在教学出现五重五轻现象:重少数,轻多数;重知识,轻能力;重死记硬背,轻灵活运用;重应试学科,轻其他学科;重毕业班级,轻非毕业班级,致使学生整日迎接的是战斗的早晨、喘息的课堂、疲惫的晚上、无休止的试海题浪。

由于这种应试教育,即使少数学生升入重点高中,按照全面素质衡量,上级学校也怨言不断。大多数学生被淘汰,各种必要素质,根本没有得到训练和培养。学生兴趣、个性、特长被忽视;学习主动性、积极性、创造性不能充分地发挥出来,极大地降低了学生成才的比例。综上所述,在初中阶段实施素质教育势在必行。它不仅是全面贯彻党的教育方针,全面提高教育教学质量的需要,也是我们圆满完成九年制义务教育的有力措施。身为一名教育工作者,在实践中,我们已经饱尝到过去应试教育的苦果,看到了未来素质教育的光明,为了提高我们中华民族的素质,我们要正确理解教育功能,明确教育教学目的,选择恰当的教育方法和教学手段,在实施素质教育的正确轨道上,转变观念,改革教法,勇于创新,开拓进取,去迎接 21 世纪人才的挑战。

变"应试教育"为"素质教育" 已成为教育发展之必然

党的十五大报告指出:"培养同现代化要求相适应的数以亿计的高素质的劳动者和数以千万计的专门人才,发挥我国巨大人力资源的优势,关系21世纪社会主义事业的全局。"它充分阐述了教育事业的战略地位,指明了当前我国教育的目标改革教育的方向和评价高质量教育的标准。因此,新的形势下转变教育观念,变"应试教育"为"素质教育"是未来教育发展的必然。

一、教育观念的转变是实施素质教育的前提

改革开放以来,我国的政治、经济、科技、文化得到了快速发展,教育事业也得到了恢复和振兴,并以前所未有的规模和速度发展起来,为社会主义建设培养了大批新型人才。重视科技、人才与教育,已成为社会的主流。社会上的"文凭热""学历主义"的思潮,将基础教育全纳入升学的轨道,社会、家庭、学生视进高校为唯一成才之路。这样,不可避免地使基础教育中出现片面追求升学率的错误倾向,造成了"千军万马过独木桥"的局面。基础教育变成了升学教育,学生在升学教育的指挥棒下,过早地专业化与片面发展,造成了知识结构、能力结构上的严重缺陷,改革势在必行。当前,旧的教育体制,"应试教育"的传统观念仍然束缚着人们的手脚,直接影响着素质教育的具体实施。因此,转变教育观念,从理论上认识和理解"素质教育"是十分必要的。

我认为,"应试教育"是指脱离社会发展和人的发展的实际需要,从应付

考试和向高一级学校输送新生为目的的违反教育科学规律的一种传统教育模式。而"素质教育"是以提高人的素质为目的的教育,并以此进行信息交流,以开发儿童身心潜能、完善和全面提高新一代合格公民应具备的基本素质为根本目的的教育。从教育哲学的高度以及辩证唯物主义观点来看,"应试教育"与"素质教育"是既对立又统一的,"素质教育"自诞生,就以其鲜明的特征站在了"应试教育"的对立面,两种教育模式在观念和实践上的对立和差别构成了矛盾斗争性的一面。正确认识"应试教育"与"素质教育"的区别与联系,树立以素质教育为核心的新的教育观念是实施素质教育的前提,它将对实施素质教育有着重要作用,有助于我们在观念和立场上克服对素质教育认识的模糊和实践上的徘徊。

二、基础教育改革是实施素质教育的核心

提出素质教育,是对基础教育进行改革的迫切呼唤;实施素质教育,不仅给基础教育的原有观念带来深刻的变化,也给基础教育的改革提供了方向性的指导;素质教育的具体实施不仅全面提高教学质量,培养学生合理的素质结构,改变片面的人才观,促进学生的全面发展,而且也将促进社会的稳定和发展。

建国以来,我国的教育取得了巨大的发展,然而由于历次政治运动的干扰,给学校工作造成严重破坏。特别是十年"文革"更使教育完全成为政治运动的工具。粉碎"四人帮"以来,教育百废待兴,改革开放政策的推行,使我们看到了我国和西方资本主义国家在经济、技术上的巨大差距,看到了我国教育落后的严重局面,重视教育,振兴科技,已成为国人共识,加强基础教育改革,建立以素质教育为核心的课程体系。素质教育是一个整体性、系统性的工程,要完成基础教育由"应试教育"向"素质教育"的转轨必须对基础教育进行全面改革。这种改革涉及基础教育的诸方面,如教育体制、教育目的、教育内容、教育途径、教育管理、教育评价等方面。针对目前的实际,除了加强教育目标管理,确立科学系统的教育评价体系之外,基础教育的中心任务是建立一套以素质教育发展为中心的基础教育课程体系。

三、教育教学形式多元化是未来实施素质教育的主流

近年来,实现由应试教育向素质教育的转轨已成为广大教育工作者的共识,要使这一转轨顺利实现,必须重视教学改革的基本途径,探求教育教学形式多元化的基本模式。这论点有两方面的依据:一方面,素质教育包括对学生的思想品德素质、科学文化素质、身体素质和心理素质等多方面的培养与教育,是集上述各种素质的开发、培养和训练于一体的整体性教育。另一方面,21世纪培养人才的目标是:在德育方面应具有高度的政治觉悟、高尚的道德情操、坚定的社会信念、健全的人格品质、负责的敬业精神,即学会生存、合作、负责;在知识方面要掌握高新科学技术,具有综合知识水平,具备理论知识与实用知识结合能力;在能力方面具有创造能力、学习能力、合作能力、竞争能力、抗挫能力、消费能力等。因此,无论从主观上还是客观上,都迫切要求教育教学形式向多元化发展,这是未来素质教育的主流。

四、教育教学人格化是未来素质教育的目标之一

21世纪,每个人的兴趣、自信、合作、交流、进取、责任感等将是未来人才的重要素质,而这些素质的形成恰恰是人才品格的体现,教育教学人格化是人才品格形成的主要途径。教育教学人格化是未来素质教育的目标之一。教育教学人格化就是要求教育教学过程中广大教师要尊重学生的人格并促进人格的发展,特别是要唤醒被传统教育教学压抑的主体意识,增强自我意识。其中情感教育发挥着巨大的作用,客观上要求教师能用自身的人格魅力去影响学生、感染学生,能创造合适的空间环境,让学生自我控制、自我调节、自我评价,从师生合作教育中,获得成功的体验和机会,促进自身人格的发展。因此,我们必须重视"素质教育",必须转变教育观念,变"应试教育"为"素质教育",并不断探索实行"素质教育"的新路子。只有这样,才能培养出适应新形势发展的合格人才,才能尽到一个教师应有的责任。

狠抓教学管理,大练教师内功,
培养一支高素质教师队伍

　　肇东市第五中学是我省首批实行四年制教育的一所初级中学,现有 28 个教学班,教职人员 112 人,学生2 048人。几年来,在各级党委和教育行政部门的领导下,在兄弟学校和社会各界的大力支持和关怀下,通过学校教职工的共同努力,我校的教学、教研、科研工作全面开花,成果卓著。1997 年学校被评为绥化地区教学管理先进校。1997—1999 年有四个学科六名教师申报并从事省级科研实验的研究,现已取得阶段性成果。1999 年我校有 9 名教师为市教委《构建素质教育教学模式实验》出了汇报课,受到了与会专家、学者的一致好评。2000 年我校中考又喜获丰收,升入重高数为 56 人,位居全市榜首。同年,学校被命名为"创新教育实验样板校""绥化地区教研基点校"。下面就如何抓好教学工作,培养一支高素质教师队伍谈一下自己的看法。

一、狠抓常规教学管理,强化素质教育意识

　　抓好常规管理是提高教学质量的核心,为顺应新形势的需要,我们在常规管理上下大气力做大文章。

　　1. 建立有效的导向机制。更新观念,促使应试教育向素质教育转变。为了实现这一目标,我们以强化落实教育战略地位为引领,把单纯的应试教育向全面提高学生素质的轨道转变作为工作重点,摆上了重要日程。通过积极有效的探索,实现了由单纯传授知识向五育并重,促进学生身心和谐发展,由单一课程结构向多样课程转变,从学生被动地接受知识向主动活泼地学习转变,从单纯学校教育向学校、家庭、社会三结合教育观转变的宏伟目标。

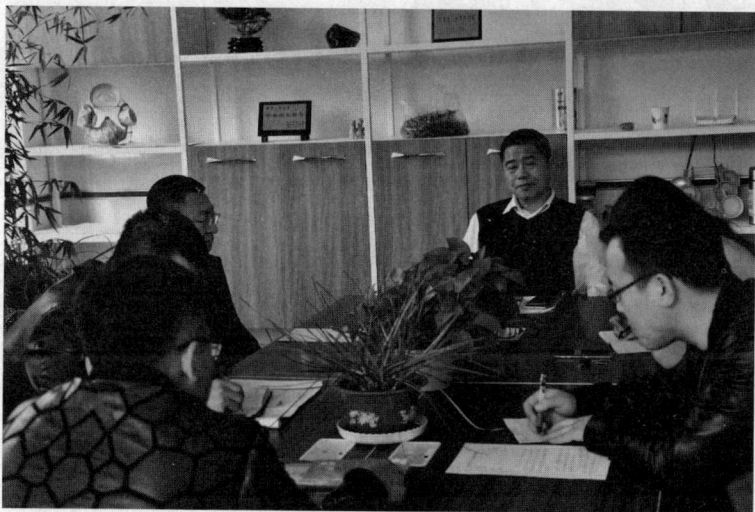

2.建立有力的制约机制。学校从未来着眼,制定并实施中学校长、教师教育教学工作基本规程,制定各项考核制度和课程计划管理、教材管理、教学质量管理,并制定了教师备课、上课、作业批改、课外辅导、成绩考核等方面的日常教学工作基本要求。加强督促检查、严格奖罚制度,并采取必要的行政措施,强化学校按照教学计划规定开设课程,按照教学大纲和教材组织教学,从而建立一个井然有序的制约机制,保证学校教学工作登上新的台阶。

二、优化课堂管理,努力提高教学质量

上课是教学过程的中心环节,是教书育人的主渠道、主阵地,是检验教师业务能力和教学水平的主要标尺。而上好课是提高教学质量的关键。因此,我们坚持把课堂教学作为一项重要内容来抓,抓出力度,抓出特色。

首先,我们对教师规范了讲课的基本要求,强调遵循认知规律开展教学活动。要求教师务必做到“六要”:一要温故知新,新旧联系;二要精讲多练,讲练结合;三要纵横联系,揭示规律;四要突出重点,突破难点;五要启发思维,培养创新能力;六要传道授业,教书育人。对此,我们采取了以下做法:

1.坚持六项原则,即:坚持教学目标共性化和个性化相结合的原则;教学过程学习化原则;教学关系民主化原则;教学组织形式整体化原则;教学风格创造性原则;教书育人原则。注重学生个性差异,建立和谐师生关系,激发学生学习兴趣,使学生主动活泼地学习。

2.实现四个优化,即:优化教学目标的制定;优化教学过程的设计;优化教学方法的组合;优化教学手段的运用。

3.提高课堂教学艺术性,挖掘教师潜能。体现四个定位,即:课堂教学定位、教师定位、学生定位、教学方法定位。

其次,我们完善了科学的评估体系,切实把好平时质量关,建立三项制度:目标检测制度;单科质量分析、学生质量分析、学校质量分析体系;教学水平全方位评估制度。及时反馈,及时调整,保证学校管理按预定目标取得最佳效果。

三、大练教师内功,提高教师整体素质

振兴民族的希望在教育,振兴教育的希望在教师。对此,学校大力开展练功创优活动。首先,练功。练语言功,开展普通话学习和演讲活动,促使教师的语言规范、准确、精练、富有感染力;练写功,促使教师在"三笔字"上有过硬的基本功;练备课功,促使教师掌握教学这门艺术,努力体现个人教学风格。其次,抓好三课。要求青年教师出"演示课";组织有经验的中、老年教师出观摩课;要求学科带头人出研究课。再次,倡导创新。培养教师创新能力,学校鼓励教师积极走创新的路子。最后,鼓励"三修",即岗位自修、业务进修、学历进修。通过上述举措,优化了教学管理,强化了教师意识,达成全校共识。一个忘我工作、开拓进取、务实求实、勇攀高峰、具有高度凝聚力的教师群体正在崛起,有效地促进了学校教学工作的开展。

对中学强化素质教育的思考

党的十五大报告指出:"培养同现代化要求相适应的数以亿计的高素质的劳动者和数以万计的专业人才,发挥我国巨大的人力资源优势,关系21世纪社会主义事业的全局。"《中国教育改革和发展纲要》指出:"中小学要由应试教育转向全面提高国民素质的轨道,面向全体学生,全面提高学生的思想道德、文化科学、劳动才能和身体心理素质,促进学生生动活泼健康发展,培养'四有'新人。"可见,教育已成为提高全民素质的一项重点工程。它关系到我们国民素质的提高,是关系着我们中华民族能否在未来的世界民族之林中立于不败之地的大事。因此,初中阶段如何实施素质教育便成了我们重点研究的课题。

一、转变思想观念

素质教育的实施,是对基础教育提出的一项紧迫任务,也是基础教育领域的一场革命,要想实现由应试教育向素质教育的转轨,首先要实现教育素质的转变。作为一个教育工作者,要充分认识到社会的变迁与发展需要高素质的跨世纪人才,实施素质教育是时代发展的需求,是面向社会主义市场经济的需求。当前,我们国家要建立和完善社会主义市场经济体制,实现四化建设的宏伟目标,不仅要有现代企业制度做保证,而且需要一大批高素质人才去管理,去开拓,去搞科学的市场运作。而这些高素质人才的培养取决于素质教育,21世纪世界政治风云变幻、科学技术发展迅速,世界范围内的经济竞争、综合国力竞争,实质上是科学技术的竞争和民族素质的竞争。谁的教育占上风,谁就能在国际竞争中处于战略主导地位。所以,实施素质教育势在必行。必须从转变教育的思想和观念入手,树立正确的教育观、教学观和人才观。

1. 树立正确的教育观。由于我国的应试教育具有久远的历史,人们对应试教育的弊端没有正确的认识,相反,"文凭热""学历主义"的思潮,促使基础教育变成了升学教育,学生在升学教育的指挥下,过早地专业化与片面发展,造成了知识结构、能力结构上的严重缺陷。正确的教育观认为,教育是一种培养人的社会活动,既与社会联系,又与人的发展相联系。素质教育把两者辩证地统一起来,以提高国民素质,为培养跨世纪人才奠定基础,作为基础教育的价值取向。要实现由应试教育向素质教育的转变,教者只有树立这种观念,才能有效地实施素质教育,才能实现为社会主义培养合格人才的宏伟目标。

2. 树立正确的教学观。随着时代的发展,社会对人的需求是多规格、多层次、多类别的,而应试教育那种将学生推上"独木桥"的方式,不利于学生的全面发展。要改变这种现状,必须破除传统的教学观。因为传统教育与素质教育有着本质区别,传统教学强调的是老师讲、学生听,学生被动地接受知识,它强调的是学生学会。而现代教育观认为教育应以培养人的创新精神和创新能力为基本价值取向。在日常教学中,以培养学生的创新精神、提高学生的创新能力、培养全面发展的跨世纪有用人才为宗旨,变单向灌输为双向交流,变学生被动地接受知识为学生主动地掌握知识,学生是学习的主体,它强调的是学生会学。课堂教学是实施素质教育的主渠道,广大教师只有树立正确的创新观,才能有助于实施素质教育计划,才能培养出一代代有理想、有道德、有文化、有纪律的社会主义公民,为学生学会做人、学会求知、学会劳动、学会生活、学会健体、学会审美打下坚实的基础,使学生在德、智、体、美、劳方面得到全面发展。

3. 树立正确的人才观。学校教育内容和方法的选择,要按照"大纲"的要求,把情绪和体验与逻辑思维正确结合起来,学校不仅注重情绪体验的内容,还要加强对学生思维的培养。通过正确的途径和方法,使有差异的学生分别学到有用的知识,使各种人才脱颖而出。要实现这一目标,我们在抓好课堂教学的同时，要从传统教育中脱离出来，贯彻课内外相结合的原则，发挥各科课堂教学中一切美育因素，挖掘素质教育的内容和营养。提高学生审美能力，陶冶学生的情操。要通过各科教学，尤其是文艺学科教学，以及课外文艺活动强化学生的素质教育，使语文课、文艺课、音乐课、美术课成为培养学生综合素质的立体内容。扩大学生的活动领域，帮助学生认识现实、认识历史、认识未来，扩展学生的视野，丰富学生的知识；培养学生的观察力、想象力；丰富学生的形象思维，培养学生的创造力。只有这样，人才规格才会多样性，我们才能为社会培养出全面发展加特长的合格人才。

二、实行教育改革

素质教育的实施，不仅给基础教育的原有观念带来深刻的变化，也给基础教育的改革提供了方向性的指导，素质教育的具体实施不仅全面提高教学质量，培养学生合理的素质结构，而且改变片面的人才观，促进学生全面发展。教学内容和教学方法是学校教育用来影响、作用学生的手段，是实现学校教育目的、培养人才目标的重要条件。尤其初中教育的全部内容和方法是根据初中教育阶段所培养教育的对象特点所确定的。因此，我们在实行教育改革时，应注重全面培养与发展学生各方面素质为依据和目标，在教学方法上进行大刀阔斧的改革。

1.排除应试教育的影响，实施全面育人工程。由于初中教育长期受应试教育的严重影响，学校以追求升学率，特别是以升入重点高中的绝对数作为唯一的目标。实际这种做法，与教学大纲的要求是背道而驰的。教学大纲所确立的教学计划要求，课程结构是合理的、科学的，对学生的全面发展是有益的。但因受应试教育模式的制约，使之突出"主科"，歧视"副科"，"主科"挤占"副科"时间的现象普遍发生。课程表被打乱，单调的填鸭式、生硬的灌输式，使学生只能呆板地死记硬背、机械记忆；为了片面追求升学率，在课表安排上出现正常授课之外的早课和晚课，节假日、双休日，也为学生布置一大堆作业，沉重的学习负担，压得学生喘不过气来，形成了千军万马抢过独木桥的格局。这样不可避免地会出现注重"尖子生"，舍弃"差等生"的弊端。教师抓住了极少数，丢掉了大多数；造成两极分化，导致学生中途辍学，使"普九"教育受到了极大的影响。因此,我们必须废除重少数轻多数、重知识轻能力、重死记硬背轻灵活运用、重考试学科轻其他学科、重毕业班轻非毕业班的旧模式,迅速实现由应试教育向素质教育的转轨,从改变教师的教育思想和教育观念入手,树立正确的教育观、人才观和质量观。按照教学大纲的要求,以入学率、巩固率、及格率、普及率的提高为重点,积极推进实施素质教育的进程,全面实施迎接新世纪的教育战略目标。

2.执行国家制订的教学计划,创建现代化特色学校。要想使学校办得有特色,适应现代化育人的需求,首先要认真贯彻执行国家制定的教学大纲,主要应体现在以下六个方面:一是面向学生,因材施教。面向全体学生,使中学阶段的每个学生的智力都得到发展,这是我们教者必须明确的指导思想。因此,在实施教学计划时,不但要备知识,还要备学生,既要让学生吃好"大锅饭",还要为学生吃"小灶",对不同类型的学生要区别情况、分别要求、分类指导。二是渗透德育,教书育人。教书育人是教师的职责,这在初中教学过程中尤为重要。因此,我们要有机有度地坚持对学生进行道德教育,这既是落实德育的一项基本要求,也是提高教学素质的一项基本措施。要根据学科特点、学生实际,选择好德育教育因素,突出知识和思想教育的"融汇性"和"渗透性"。三是注重学生的能力开发,培养学生的创造性。教学不仅要教给学生知识,还要培养学生的创新能力。中学阶段不仅要注重学生的自学能力,还要注重学生智力开发的能力。这些能力的培养需要学校进一步拓宽教育形式,要以创办名校、办有特色、培养特长、全面育人为宗旨,发挥教师主导、学生主体、训练主线的三条实践的作用,加强学生基础知识和基本技能学习和训练,重视学生智力与能力的发展和培养,促进学生良好品德的形成。在教育形式和教学方法的选择与运用上要突出调动学生学习的主动性、积极性、创造性,注重培养和发展学生的兴趣爱好和个性特长,为社会培养更加"全面发展加特长"的合格人才,尤其注重培养一大批适应市场、开拓市场的高素质人才。

三、强化教师队伍

建设一支高素质的教师队伍是提高教学质量之本,是实施素质教育的迫切需求。坚持以"全面贯彻教育方针,全面提高教育质量"为办学宗旨,加大管理力度,狠抓教师队伍建设,逐渐形成一支"政治强、业务精、作风正"的教师群体,是学校领导者值得重视的大问题。教师是立教之本,一个教师群体只有树立良好的职业道德和行业规范才能担负起"教书育人"的责任,才能为社会主义现代化建设培养出一代又一代的建设者和接班人。因此,实施素质教育必须从提高教师队伍素质抓起,为实现迎接新世纪的教育战略目标奠定坚实的基础。

1.提高教师的政治思想素质。"普九"教育任务完成与否,关键在于教师。教师政治素质和职业道德是立教之本。一个学校,没有一个具有良好职业道德的教师群体,实施素质教育就会成为一句空话,也不会实现"普九"教育的预定目标,因此建设高素质的教师队伍首先要强化师德建设。这就要求我们以"三德"建设为重点,以"职业、道德、规范"为内容,以实施"科教兴市"为核心,强化邓小平理论的学习,强化职业道德和高尚教育,增强教师忠诚党的教育事业的责任感,树立良好的师表形象,发扬崇高的敬业精神,使教师思想从灵魂深处统一到素质教育这个热点上来。

2.提高教师业务素质。实施素质教育的根本在于教师,教师业务素质是强化素质教育的基础。一个学校教师要想在素质教育方面取得成果,为社会培养出高素质的创造性人才,要有一个具备精湛教学艺术和业务素质的教师群体。因此,我们必须坚持以科研为指导,以教研为依托,以课堂教学为群体,开展教学大练基本功。通过活动,提高教师的"说、学、写、作"技能;通过开展教学基本功汇报表演和朗读课文、网上演示、书画比赛等活动,强化教师业务能力,提高教师的语言表达能力、板书设计能力、实际操作能力和组织教学能力。同时,要进行年度考核,促进教师业务素质的提高,使教师凭着丰富扎实的业务功底,面对新世纪的挑战,以高超的技能和出色的表现完成历史赋予的光荣任务。

3.提高教师的文化素质。教师文化素质的提高是我们实施素质教育的关键。俗话说"要给学生一杯水,教师必须具有一桶水",如果教师水平不高,就不会培养适应现代化需求的有用人才。因此,我们必须采取多种渠道和措施提高教师的文化素质。一是抓教师进修。要鼓励教师积极参加自考和本科函授,加大学历进修的力度。学校要号召教师充分利用业余时间学习文化知识,要为教师提供有利的条件。为他们解决集中学习的时间问题、外出函授的经费问题和离校函授的工作问题,使教师能够安心参加学习,没有后顾之忧。二是抓继续教育。面对未来社会和科技的发展,教师知识深度和厚度需要不断地加强。继续教育作为提高教师文化水平的重要措施,我们必须抓在手上,常抓不懈。学校要利用寒暑假组织广大教师参加不同层次、不同类型的知识培训,掌握多方面的科学知识,提高实践能力、自创能力,以适应"工业经济"向"知识经济"转变的需求。只有建设一支"政治强、业务精、作风正"能打硬仗、能创大业、能出人才的教师队伍,才能为学校建设成培养社会主义建设人才的基地发挥应有的作用。

实施素质教育的几点思考

一个国家人口的整体素质如何,是关系到这个国家生存发展、兴旺发达的重要条件。而中小学教育又是国民教育的基础,它直接关系着培养什么素质的接班人的重要问题。近几年来,随着《中国教育改革发展纲要》的颁布,我国教育由应试教育转向素质教育,已成为全社会努力实现的目标。然而,在实施转轨的过程中有许多值得认识、探索和实践的问题。

一、正确认识应试教育的弊端是实施素质教育的前提

应试教育是我国多年形成的一种模式,以应付升学考试为直接目的,它偏重知识传授,注重考试科目和分数,以高升学率为考核学校教学成果的标准。它的核心是一种片面的淘汰式的教育。笔者认为,应试教育的弊端主要表现在以下四个方面:

1.考试分数的单一淘汰制,使多数人的成才道路受阻。本来,在市场经济条件下,优胜劣汰是市场机制的突出功能,包括员工的招聘、使用与奖惩。而应试教育,注重的不是"优"的全面性与整体性,而是分数考核的单一性。结果将相当多的"次品"和"非优品"在分数的关卡下被淘汰出局,带着失败者的心态走向社会。

2.考核教育的标准一元化,使综合素质教育难以实现。在应试教育中,学校处于社会的压力、家长的期盼、同行的竞争处境之下,把升学率作为刻意追求的目标,偏重于应考科目,偏重于知识的传授,偏重于尖子生的培养,学生以高分数为荣耀,教师以升学率为奖惩,使学校与教师的注意力和精力都放在了升学上。

3.应付考试而追求学习,扼杀了学生的个性和潜能。按照《九年义务教育法》的规定,每个学生都有受教育的权利。而这种教育应当是全面的教育。由于先天的生理特点,每个学生都有对不同学科与知识的特殊敏感。而应试教育迫使学生必须接受"分数面前人人平等"这个严酷现实,结果将有些学生的潜能和优势扼杀,不利于社会渴求多方面人才的需求。

4.偏重于重点科目的学习,造成了一部分学生的知识匮乏。中学生毕业后,有相当一部分学生要走向社会。书本知识和社会需求存在巨大的矛盾,使学生无所适从。因为应试教育的内容,有相当一部分严重地脱离社会。在考试指挥棒的导向下,教学科目分成了应考与非应考两大类,在应考类中又分为重点和非重点两大板块,造成了学生的知识结构和学习内容人为偏重,有些知识明显欠缺。

邓小平同志在1983年就提出了"三个面向"的教育方针。其核心是面向现代化。只有面向现代化,才能面向世界、面向未来。多年来的教育实践证明,正视应试教育的弊端,才能使我们的思想达到解放,才能从理论和实践上去探索素质教育的新路子。

二、把握社会需求规律,是实施素质教育的基础

我认为,基础教育的改革,是由应试教育转向素质教育的过程。并不是说应试教育里没有素质教育,而是说应试教育中素质教育的成分略少。基础教育的根本目的,在于提高中小学生的综合素质,为中国发展培养合格的接班人。因此,我们必须站在时代的高度观察这一新生事物。

一是从经济发展的需求看,中国的经济要想发展,必须要纳入市场经济的轨道。无论是实现经济体制由计划经济向市场经济转变,还是实现经济增长方式由粗放型向集约型经营方式转变,都关系到人的素质问题。江泽民同志曾经提出:我们的教育工作必须解决好两个重要问题,一是要全面适应现代化建设对各类人才培养的需要;二是要全面提高办学质量和效益。作为跨世纪的人才,要具备相应的素质。在这方面,中、小学生的基础教育承担着素质教育的重任。

二是从社会主义制度的角度看,跨世纪人才要具有正确的人生观、世界观和价值观。新时代对人才的要求偏重于两点:一方面具备从事现代化生产的技能;另一方面要有良好的思想道德和爱国奉献精神。只有德、智、体、美、劳全面发展,全面提高,才能体现社会主义特色。可见,教育学生学会做人,是素质教育的首要任务。

三是从提高全民族的综合素质看,应侧重对全体学生进行素质教育,突出个性培养。由于先天的素质,加上后天的教育,每个人的优势与潜能都存在一定的差异。着眼于素质教育,就要面向每个学生。不能要求个个都升入大学,而要个个成才。因为社会岗位是一个多层次多结构的有机结合体。可谓三百六十行,行行出状元。只要具备基本的素质,又有突出的专长,每个学生在社会中都有用武之地。

可见素质教育是以学生的全面健康发展为目标,以国家和民族的振兴、社会的发展和个人内在价值的体现为学习的动力,以培养出素质良好、适应时代需要的建设者和接班人为根本任务。这些恰恰是应试教育所达不到和不能比拟的。

三、深化教育发展改革,是实施素质教育的关键

由应试教育向素质教育转化是一项重要的教育改革。因为传统的应试教育已经在人们的头脑中形成一种思维定式,人们把它作为考核学生成绩、考核教师工作、考核学校教学质量的标准。提倡素质教育首先就是一个观念转变的问题。

1.实施素质教育,要取得全社会的理解与支持。多年来,在基础教育中,有两个最厉害的"独木桥"。一个是初中毕业升入高中要过独木桥,另一个是上大学这个独木桥。而就全国而言,同龄上大学的只占6%～7%。而考不上大学的高中毕业生,学生的思想负担很重,家长的负担也很重。这种望子成龙、望女成凤的期望值,给中学生的心理造成了很大的压力,使学生走上了两个极端;一是上了重点中学的学生心理承受能力差,只为自己奔一个好前程;二是没考上重点校的学生灰心丧气,不思进取。而两类学生都没考虑到社会需求人才的层次性。

2. 实施素质教育,要把考核标准上升为一种政府行为。搞素质教育,不是不要考试,关键是怎么考、考什么。也就是说,素质教育应从实际出发,综合评价学生、评价学校的教学工作,要从根本上改变应试教育以学科考试的成绩作为评定学生质量和教学工作的唯一标准。在公司企业录用员工时,进行文化专业知识笔试、应变能力面试和试用期的做法,都懂得素质教育中的考核借鉴。在各地取得经验的基础上,国家教育部门应相应出台统一的素质教育考核标准和措施,从根本上扭转基础教育的导向,否则素质教育不会有质的飞跃。

3. 实施素质教育,关键在于大胆实践。在这方面,湖南的汨罗市在素质教育上抓住了素质教育的三个要义,即"面向全体""全面发展""生动活泼",创造一整套的教育措施。在培养人上,使每个受教育者的潜在能力得到了最大限度的发挥与培养。

4. 实施素质教育,要充分发挥教师的能动作用。因为教育主要环节是在课堂上,在素质教育中起桥梁和纽带作用的是教师。一切教学活动必须以调动学生的主动性为出发点,引导学生积极参与,给学生以动力刺激。为此教师要精心设计、交流讨论。同时,要采取生动、活泼、形象并能适应学生心理特征的教学方法,激发学生的学习兴趣,提高学生分析问题、解决问题的能力。

从以上思考可以看出,社会主义市场经济体制的建立,暴露了基础教育中的"应试教育"的不适应,从而体现了市场经济发展对高素质人才的社会需求。而实施素质教育,只有深化教育改革,才能得以实现,以上认识仅供同行们在研究时参考。

春风化雨，润物无声

【案例】

我校以育人为核心，以提升校园文化品位为切入点，开展了一系列丰富多彩、创意新颖的校园文化活动，大力弘扬人文精神，营造一种浓厚的文化氛围和良好的育人环境。作为校长，时刻加强对学生的品格教育工作，教育学生做到"生活自理、人格自主、学习自信、交往自尊、行为自律"，就是要建构自立、自信、自尊、自强的健全人格。"让人们因为我的存在而感到幸福"的人文精神深入每一个十一中人的内心。

我校十分重视环境育人，加强人文校园的建设，以"育德、启智、健体、树人"为宗旨，力求营造一种能体现弘扬民族优秀传统和精神的氛围。我校利用教学楼的四条走廊开辟四条文化长廊，即艺术长廊、文化长廊、科普长廊、生活长廊。都悬挂着名人画像、名人名言及班级学生的优秀作品。这四条长廊的建设，尊重了教育的规律，使学生从中受到感染、教化和启迪，促进了学生的身心健康发展。

校园广播站办得有声有色，宣传报道校园的新人新事和学生的心声，报道国内外大事，培养学生的主人翁意识和责任感。校报《七彩校园》多姿多彩，学生在创办过程中，积极搜集资料，认真设计版面，精心书写，在活动中既自觉接受了教育，又锻炼了能力。为学生营造一方属于他们自己的沃土，让怀有热情的他们得到锻炼。更为构建和谐校园起到了潜移默化的作用。成为学生日常生活不可或缺的精神食粮。

结合我校教育现状，一改过去陈旧的评价机制，教师假期评语更具亲和力，更能起到鼓励作用。由几位校长亲自把关指导，从学习成绩、品德品行、素质教养等方面对学生进行评价，一篇篇精美中肯的评语蕴含着教师深厚的文化底蕴和教育智慧，深深地打动学生的心灵，成为学生学习内在的、长久不竭的动力。

由我亲自参与设计，凝结了全校语文教师心血的笔记本，创意独特，视角新颖，积极开发利用已有资源，抓住校内每一个闪光契机。笔记本分春、夏、秋、冬四部分，融"扉页寄语""班主任写给家长的话""孩子最爱听的话""决定青少年一生的八个习惯""如何提高情商"等内容于一体。利用这样独具特色的笔记本对校内优秀学生、有进步的学生、为校为同学做出贡献的学生即"校园十星""班级十星"进行奖励，如春雨般滋润学生的心田，让学生体会到被肯定的喜悦。

一言一行总关情，春风化雨润无声。在不经意间，我们传播着热情、尊重、关爱和友谊。这点点滴滴的赞美和欣赏，如甘霖似雨露，滋润着学生们的心田。校园中充满了人文智慧和人文关怀，是生活和发展的乐园。充满人文气息的优美环境，赏心悦目的和谐的绿色文化氛围，陶冶了师生情操、塑造了美好心灵。

我校有一个名叫张××的男同学。父母离异，只能靠祖父母养活，他的祖父母文化素质低，每天忙于生计，无暇关注其学习生活，脾气暴躁的祖父经常将生活上的压力转嫁给孩子，动辄斥责打骂。生活在这样的环境中，张××同学心理和行为出现了危机。学习成绩较差，自暴自弃，成为班级的"后进生"。我让班主任把他领到办公室，和他交流沟通，他的一些细节表现让我更客观地认识他，我发现他心地善良，淳朴诚实。每当他有了一点小进步，我都会及时地给予肯定，还有意创造机会让他表现，通过我的引导，让其他同学看到他优秀的一面，增强他的自信心。我抓住他热心班级的优点，建议班主任鼓励他担任班级卫生委员。这似乎激发了他潜在的动力。他每天早晨来得很早，带领同学打扫卫生区，课间和放学后检查卫生打扫和保持情况，经常主动修理班级公物。正因为他的优异表现，班级得了很多次流动红旗。他的表现也得到了全班同学的认可，一致评选他为优秀学生、班干部。他的自信心得到很大提升。

经过一个多学期的努力,张××的改变有目共睹。原来在班级里默默无闻,如今经常能看到他活跃的身影。运动会上,他主动报名参加比赛,为班级争光。课堂上,也时常能看到他发言,原本自卑的他变得开朗。学习上,他主动向老师同学求助,成绩有了很大提高。在日记里,他写道:是校长、老师和同学让我找到了自信,在自信中,我不断进步,我为自己生活在这样的集体里感到自豪,我爱这个集体……

学校与教师的评价虽然不是磁铁,但可以牢牢吸引学生;虽然不是蜜糖,但能让学生感觉到甜蜜;虽然不是矿产,但能开发出无穷的资源;虽然不是航标,但能给学生指引正确的方向。它能让我们看到学生灿烂的笑脸,体悟到学生飞扬的神采,感受到学生快乐的成长。

【点评】

校长应该是一个学校的统帅,是灵魂,是工作的筹划者。校长应该是学校工作的核心,凝聚着其他领导,也凝聚着全体教师,为着一个美好的共同愿景而工作。教育是个伟大的工程,需要我们付出极大的爱心和努力。

爱不仅是微笑,更是一种教育心态;爱是对个体健康的关注,是对生命挫折的忧虑;爱是真诚,是对孩子们自尊的保护。让我们把"简单、粗暴、训斥"这些词汇剔除,把"平等、关爱、尊重"镌刻在心中。

教育的本质,就是用一个高尚的灵魂去催生另一个高尚的灵魂;教育的目标就是让每一朵"花儿"都能有生命中最美丽的绽放。十一中学的老师们用春风化雨、润物无声的爱,滋润了一批又一批的孩子,让孩子们健康快乐地成长。

一、以爱育爱,以人为本

教育的真谛在于诠释生命的本质,而诠释生命的教育是"以爱育爱"。爱是教育的前提,但远不是教育的全部,应该由爱而升华为责任——对孩子的一生负责,这才是教育的真谛。教师对学生的爱是无私的,他可以通过师生间的交流而得到加深,从而促进学生的学习生活,增强学习的效果。以爱育爱,犹如泥土和种子,一旦种子撒在泥土中,就会生根、发芽、开花、结果。关爱学生,不仅仅是对他们的学习关爱,对他们的生活关爱,更应该是用爱孕育学生内心潜在的爱,让爱充满校园,让爱伴随学生的成长,让爱成为学校的主流文化。这是一种理念,更是决定行为的核心观念。师爱荡漾,爱的教育就像春风一样,在悄无声息中起到教化人的作用。这是心灵一次伟大而幸福的旅程。

二、百年教育,以德为先

列宁说过:"没有人的道德情感教育,也不可能有对真理的追求。"师爱无私,贵在自然和谐,贵在细雨润物。我们的课堂教学,施教对象是一个个独立的生命个体,要求我们的教学必须具有生命的教学。人是教育的核心和精髓,是教育的起点,也是教育的归宿。教师要尽可能地对学生进行德育教育,这种教育是一种长远的教育,是一种本质的教育,学生一旦体会到育人教育的重要性,就会"亲其师,信其道"。提倡德育教育,道德是感染而成,绝不是教出来的。有这样一个例子,松下到餐厅吃牛排,吃完剩下了几块,他叫经理把厨师叫来,亲自对厨师说,剩下的牛排不是不好吃,是因为他牙口不好而剩下的,让厨师不要担心。这种细节教育才是真教育。

三、乐观向上,欣赏信仰

真正的教育者一定是拥有积极心态的人。教师是职业也是事业,是阳光下最美丽的事业,是把学生引向光明、引向高尚、引向创造之路的事业,神圣而伟大。所以我们始终要保持一种积极向上的心态。做你喜欢的事,喜欢你正在做的事,研究你正在做的事,做好你能做的事。

每个人要有一种信仰,我们播种一种思想,收获一份行动;我们播种一种行动,收获一份习惯;我们播种一种习惯,收获一份品格;我们播种一种品格,收获一份命运。信仰是一个人奋斗的动力。现在中国的教育缺什么? 缺的是诗人的气质,理想的追求,青春的活力,创造的冲动。教育的实质绝不是单纯知识的传授,而是点燃学生学习的激情。要充分相信学生的潜能,挖掘学生的潜能,发展学生的个性。在教学中,要保持鼓励性态度,使学生时刻感受到进步,激发学生学习的欲望。用"尽自己百分之百的努力,去实现百分之一的可能"的态度对待学生,永不放弃任何一个学生。

四、有时代责任感,有崇高的向往

要有崇高的追求,教育者必须是人性丰富、人格完善、人品高尚的人。真正的教育,留给人们的是思想,更是人格。教育是挚爱,这种爱,越是无私,越有深度;教育是思想,这种思想越是现实,越有智慧;教育是信仰,这种信仰越是坚定,越有力量;教育是追求,这种追求越是执着,越有成果。没有"捧着一颗心来,不带半根草去"的大爱,没有"我不入地狱,谁入地狱"的大义,没有"敢为人先,争创一流"的大志,怎能称为教育者?

教师工作对我们来说,不仅是职业,还是我们生命的历程;不仅是付出和奉献,更是我们生命的收获——收获成功的幸福、收获发展的喜悦、收获生命的价值、收获生活的快乐! 我理解的教育是一种播种的事业,当我们把爱的种子播种在每一个学生心田的时候,我们就会收获爱的果实。

从应试教育到素质教育的尝试

素质是人们自身所具有的各种心理的、生理的、外部形态等多方面的稳定特点的综合,即所谓的禀赋。素质教育是在先天禀赋的基础上,经过教育和训练,使受教育者形成或发挥适应社会生存和发展的能力。就中学生而言,就是培养他们具有适应社会生存和发展的能力;就是培养他们具有适应社会主义现代化要求的全面发展的思想道德、科学文化、心理情感、身体条件和劳动技能。作为中学生,就应充分发挥自身素质。

九年义务教育是公民的素质教育,初中化学作为九年义务教育的一门学科,必须研究如何从学科本身出发来为提高全民族的素质服务,即通过化学基础知识教育培养学生的基本技能和能力,培养关心自然、关心社会的情感,使之具备科学态度,掌握科学的学习方法。与此同时,对学生进行思想政治教育,初中化学教学大纲及九年义务教育化学教材比较好地体现了素质教育的目的和任务,《大纲》中明确指出:"化学教学是化学教育的启蒙阶段,要贯彻全面发展的方针,着眼于提高全民族的素质。以基础知识教育学生,培养学生的基本技能和能力,在课堂教学中对学生进行素质教育。"它改变了以往教材中过分重视基础知识和操作技能,忽视学生能力培养的弊端,而在传授知识和技能的同时,重视了科学态度、学习方法及兴趣的培养;重视了启发学生思维,培养学生思维能力、观察能力、实验能力及自学能力;重视了通过介绍中国化学工业发展状况及最新成就,对学生进行热爱祖国、保护环境、关心自然、关心社会的情感教育和思想政治教育。这些都体现了贯彻素质教育的总目标。

中学化学教学如何体现素质教育呢？要做到以下三点：

一、要转变观念，面向全体学生，实现从应试教育到素质教育的转变

"素质教育"是相对于"应试教育"提出的，它们的主要不同在于教育观、质量观、学生观，即：是否面向全体学生，是否使学生全面发展，是否使学生生动活泼地、主动地学习，"素质教育"与"应试教育"在如下几方面存在着明显的差异：

从培养目标上看，素质教育是德、智、体、美、劳全面发展；应试教育只重视智育。

从对待学生上看，素质教育面向全体学生；应试教育只面向学习成绩好的学生。

从教学内容上看，素质教育着眼于素质的全面提高；应试教育是考什么教什么，不考不教。

从教学过程上看，素质教育注重启发学生生动活泼地、主动地学习；应试教育则是教师一讲到底，学生只是听讲。

从教学方法上看，素质教育是师生双向活动，变讲授为训练，选择最佳的教学方法；应试教育则为"满堂灌"，学生被动地学习。

从学生负担上看，素质教育目标是当堂理解，重视学科能力的提高；应试教育是大搞题海战术，学生不堪重负。

从教学效果上看，素质教育的任务为大面积培养合格学生；应试教育则侧重个别尖子生，而且多为高分低能，大多数学生不合格。

从以上分析可以看出，应试教育是以追求升学率为根本目的的陈腐模式，扭曲了教育的本质，扼杀了学生的个性。我们要坚决反对应试教育，毫不犹豫地变应试教育为素质教育，这是深化教学改革的关键，它关系到我国两个文明建设的水平，关系到我国21世纪在国际竞争中的地位，因此转变观念是当前中学教育工作者的重要任务。作为化学教师应当毫无例外地把素质教育落实在日常教学之中。首先，要认真领会大纲。新大纲是根据义务教育的性质和任务制定的，化学教材又是根据我国国情、化学学科的特点和中学生的心理、生理发展规律而编写的,大纲着眼于全面提高学生素质,注重化学知识与社会生活、生产实际,传授知识与培养能力,传统知识和现代知识,本学科知识与相关学科知识等各个方面的联系。因此,教师正确执行大纲,就能保证化学教学从单纯以升学为目的的应试教育转变为公民的素质教育,从只重知识传授转变到重技能和能力的培养,从只重书本转变到理论联系实际,从只重智育转变到德、智、体、美、劳五育全面发展。其次,要把素质教育的目标落实到每一节课中,课堂教学是实施素质教育的主渠道,教师在备课时应注意制定出知识与能力目标、过程与方法目标、情感态度与价值观目标,并在教学过程中加以落实,使学习程度不同的学生都能得以提高。最后,加强学法指导,注重能力培养,这是教学观念转变的具体体现。知识和技能是学生形成能力的基础,而能力是学习掌握知识技能的必要条件,是促进学生提高学习水平的重要因素。教师在教学中应不失时机地对学生进行学法上的指导,使学生形成良好的学习方法和学习习惯,使学生的素质得以提高,使素质教育落实在日常教学之中.

二、化学基础知识是素质教育的基础,在化学基础知识的教学中突出观点的教育及科学态度和科学方法的教育是实施素质教育的关键

初中化学教材是按义务教育大纲编写的,它的体系是必学与选学相结合、课堂教学为主与阅读和家庭小实验相结合、学校教育与社会实践相结合的比较科学的体系,使教材延伸到了社会和家庭,使化学教学与日常生活、科学技术、生产劳动相联系,是一本进行化学素质教育的好教材,因此,深刻理解大纲,钻研教材,并且体现在日常教学中,是进行素质教育的关键。化学课的主要目的是在教会学生掌握基本概念和理论的基础上,通过元素化合物知识的学习,使学生了解物质的结构决定物质的性质,物质的性质决定物质的制法和用途;通过一些定性的验证性实验,培养学生实验操作和观察能力;通过化学计算的学习使学生初步学会定量分析和解决化学问题的能力,使学生在学习双基知识的同时初步形成用化学观点和化学方法去分析和处理问题的能力。总之,要着力于培养学生的科学态度和方法。教学的重点应放在对学生科学的思维能力、观察能力的培养和训练上,而不能放在单纯为解题而解题的训练上。

三、教师自身素质的提高是实施素质教育的重要保证

教师必须以师德素质的提高促进自身教书育人素质的提高，深化教育改革，努力创造出适应当前素质教育的新的教学方法、研究学法，加强与生产生活相联系的化学知识的学习，关心最新化学科学技术的发展和重大科研成果，以学识水平和教学能力素质的提高，促进素质教育的全面落实。

素质教育的内涵包括许多方面，我们只有从义务教育的性质和任务出发，在教学中重视双基的同时，注意激发学生学习化学的积极性，培养学生科学的学习态度和学习方法及关心自然、关心社会的情感，培养学生观察、思维、实验和自学的能力及辩证唯物主义的观点，注意化学实验的教学，不断激发和保持学生的兴趣，使他们在学习中不断充实自己，使化学实验能力得以提高，紧紧把握住大纲和教材，才能在学科教育中，全面实施素质教育。

浅谈继续教育的必要性

随着大部分中学教师逐步达到现阶段国家规定合格学历,教师培训工作的重点必将有步骤地转移到开展继续教育上来,这对于建设一支能够坚持社会主义方向、品德高尚、素质优良、结构合理、适应我国教育事业发展需要的教师队伍有着十分重要的作用。众所周知,处于现代社会中的人,学习是不能一次完成的。这些人需要接受离校后的再教育。这其中也包括部分教师骨干的学历层次的再提高。那么,为什么要实施继续教育呢? 下面,谈一谈我粗浅的看法。

首先,从当今世界教育的大趋势来看,要求用"贯穿一生的教育"逐步代替"管用一生的教育"。过去的历史时期,社会进化较慢,这决定了教育结构和内容的稳定性,形成了"终端"型教育。在这种教育下,一个人集中受教育所获得的知识在他整个一生的职业活动中都可保持其价值,可以不再继续学习了,这就是所谓的"管用一生的教育"。但现在随着世界科技迅猛发展和社会的飞速进步,技术与工艺、劳动组织形式的更新速度已超过人们的预期,出现了社会生产的前所未有的活跃性、多变性。这就要求我们不断地改变职业活动的内容、性质和方向。而在"终端"教育的条件下,职业上的无知和技术操作上的需求问题就尖锐化了,所以,要求必须推行各种形式的非正规的继续教育,或者说连续不断的教育,即所谓"贯穿一生的教育"。只有这样,才能适应社会的发展。从对中小学教师的培养、培训来看,也是离不开这一趋势的,像一些经济比较发达的国家,他们教师的职后教育是连续不断的。教师需要不断地学习,这样一种大的趋势,必然也要影响到我们国家教育的发展。

其次,实行改革开放总方针以来,我们的教育要更好地适应社会主义现代化改革开放的需要,我们对基础教育进行了深入的改革,而基础教育的改革和发展,要求我们必须要对中小学教师开展继续教育。这是由于我们的基础教育目前正在进行转轨,从过去的片面地应付升学考试的教育转到全面地提高学生素质的教育,特别是农村县以下的学校要为当地社会主义建设服务的教育。这都对我们的教师培训工作提出了新的要求。全面的素质包括思想素质、文化素质、做人的一些基本素质、劳动素质以及对学生进行人口意识、环境意识、生态意识、家庭生活文明化意识教育的能力等等。这样一个改革,对我们广大的中小学教师提出了新的、更高的要求。小平同志曾指出:"一个学校能不能为社会主义建设培养合格的人才,培养德、智、体全面发展,有社会主义觉悟的有文化的劳动者,关键在教师。"我们要适应这样一个改革的需要,要从中小学教师的思想观念上、全面素质上、教育教学能力上不断进行培训,才能适应这样一个改革形势的要求。从"八五"期间和十年教育发展规划的指导思想来看,我们的基础教育在今后的十年中要贯彻适当发展数量,大大提高质量的方针。我们的教师队伍应当适应贯彻这样一个方针的需要。这要求我们必须不断地提高教师的水平,不断地对教师进行继续教育,大力提高质量。从我们国家实施九年义务教育的需要来看,要求我们必须对中小学教师积极抓紧进行继续教育。从1993年开始,我们从小学的一年级、初中的一年级使用新大纲、新教材。为了很好地适应九年义务教育的需要,很好地提高九年义务教育的质量,我们也必须不失时机地对教师进行使用新大纲、新教材的培训。我们觉得,这个培训和我们师资培训第一个阶段的教材教法过关不完全一样。这个培训,知识内容上恐怕不是主要问题,不是搞一次简单的教材教法过关,更重要的是要帮助教师对九年义务教育有正确的理解、在基础教育转轨的过程中树立正确的教育思想,面向全体学生,全面提高教育质量,这就要求我们必须不断地帮助教师端正教育思想,提高教育教学能力。

再次,从我国中小学教师队伍的现状来看,我们的继续教育工作也是很紧迫的。

目前我国小学教师达到合格学历的已占90%多,小学教师达到合格学历以后要不要再提高?向哪个方向提高?这个问题是很迫切的。我认为,中小学教师学历达标以后,一定要不失时机地抓好再提高的教育,这是我们队伍当中的一种情况。我们队伍当中的另一种情况是,虽然全国有90%以上的小学教师达到合格学历,但是,他们中有一部分同志虽然取得了文凭,而实际的教育教学能力还不能够完全适应教学工作的需要。这就向我们提出了一个问题,需不需要帮助他们再提高水平,提高实际的教学能力。另外,我们也看到,我们的师资队伍还不适应基础教育改革的需要,我们的教师除了要能够比较牢固地掌握文化科学知识外,同时也需要有更多、更广泛的知识和技能来适应基础教育改革的需要。另外,我们的老师自己还要有环保意识、人口意识、生态意识和较高的文明程度,没有这些现代的意识和观念也很难培养出适应社会主义现代化需要的人才。从我们教师队伍的实际状况来看,也是非常需要我们不断地、不失时机地把继续教育工作提到日程上来。

综上所述,看待继续教育这个问题要有战略眼光,进而认识和考虑我们国家整个教育水平的提高、整个人民文化素质的提高。所以,开展中小学教师的继续教育是我国基础教育改革发展的紧迫需求,是我国中小学师资培训工作发展的必然结果,是我国中小学师资队伍建设的重要步骤。它关系到提高中小学的教育教学质量,提高全民族的文化素质,是值得我们备加重视的一个大问题。

建设高素质的教师队伍是
提高教学质量之本

多年来,学校坚持以"全面贯彻教育方针,全面提高教育质量"为办学宗旨,加大了管理力度,狠抓了教师队伍建设,逐步形成了一支政治强、业务精、作风正的教师队伍。在中考中,升学人数和升学率连续多年名列全市第一。

一、加强师德建设,提高教师政治素质

多年来,学校紧紧围绕"德为师之本"这一原则,以"三德"建设为重点,以职业道德规范为内容,以全心全意为人民服务为核心,开展了"铸师魂、塑形象、树新风"教育活动,切实把师德建设作为"龙头工程"抓实、抓好。

一是以"讲学习、讲政治、讲正气"为要求,在教师中认真有效地开展"三学"活动。一学习近平新时代中国特色社会主义思想,用科学的理论武装教师;二学十九大精神,用宏伟的目标鼓舞教师;三学《教育法》《教师法》,用法律的准绳约束教师。在"三学"活动中,学校利用讲党课和政治学习,举办了专题辅导和讲座,召开了理论研讨会和经验交流会,开展了"人生观、价值观"大讨论,极大地提高了教师的政治素质和思想素质。

二是以"热爱职业、热爱学校、热爱学生"为内容,加强了教师"敬业爱岗""爱校爱生"教育。学校多次举办了"敬业爱岗"事迹报告会,用先进教师爱岗敬业的事迹鼓励教师,鞭策教师,增强了教师忠诚于党的教育事业的事业心、责任心和进取心。1997年5月4日,学校召开了"敬业、爱岗、奉献"演讲会,

八名教师以模范教师的典型事例热情讴歌了新时代人民教师"勤于耕耘、勇于奉献"的风范。1997 年 10 月,学校开展了"三优"(优质教学、优质管理、优质服务)达标竞赛活动,要求教师树立"三种"形象,即师表、导师、慈母形象;发扬"四种"精神,即敬业精神、乐业精神、勤业精神和专业精神;增强"五种"意识,即岗位意识、责任意识、合作意识、竞争意识和质量意识。学校制定了《达标量化评估细则》,做到周检查、周评比,促进了"敬业爱岗"风气的形成。

三是以《中小学教师职业道德规范》为依据,开展了职业教育、理想和职业道德教育,教书育人是教师的基本职责,又是教师的道德义务。一个教师只有做到为人师表,才能做到教书育人。多年来,学校以《规范》为依据,以活动为载体,开展了"一学二讲三做"活动。一学就是组织教师认真学习《规范》条文。为落实《规范》制定的《教师职业道德"八要"》和《教师言行"十不准"》,强化了教师为人师表的力度。二讲就是讲理想、讲表率,在工作中充满执着的追求,在教学中堪为学生的表率。三做就是要求从领导到教师做到清清白白做官、堂堂正正做人、实实在在做事。

二、加强教研科研,提高教师业务素质

要实现由应试教育向素质教育转轨,要全面提高教学质量,关键是提高教师的业务能力和教学水平。多年来,学校坚持以科研为主导、以教研为依托,狠抓了教师业务提高工作。

一是开展教师大练教学基本功活动。对"说、写、画、作"四项基本功提出了训练要求和验收标准。各教研组围绕《方案》提出的标准广泛开展了"练内功"活动,做到课堂练语言、练板书、练实际操作,业余时间练水笔字、钢笔字和简笔画。为了充分调动广大教师"练内功"的积极性,学校举办了"教学基本功汇报表演"和"朗读、讲演"比赛,18 名教师以深厚扎实的功底荣获了表演优秀奖,体现了练功的成果和能力的提高。在"四项教学基本功"基本达标的前提下,掌握现代化教学手段的要求,利用寒暑假,对我校 45 岁以下的中青年教师进行了"电脑操作训练",初步掌握了"电脑"的基本理论和操作要领。

二是开展科研活动。多听课、多实践、多总结,做到干中学,学中干,边实践,边提高。同时给青年教师交任务、压担子、指方法,让青年教师在教学实

践中有执着的追求,有施展才华的阵地。中年教师是学校教学的骨干,是学校教研和科研的中坚。为了使中年教师学有目标,有方向,学校制订了"骨干教师培养提高规划",要求中年教师在教学实践中,大胆探索教学规律,认真总结教学经验,不断改革教学方法和教学模式,逐步达到功底扎实、教艺精深、教法灵活。向三个目标冲刺,即骨干教师、学科带头人、教育专家。这个群体正以继往开来、再创未来的精神,谱写着我校提高教学质量的新篇章。加强学历进修,提高教师文化素质。文化素质是教师业务素质的基础,是教师业务能力和教学水平的根基。俗话说"要给学生一杯水,教师必须具有一桶水",就是这个道理。多年来,学校为了认真贯彻和落实《教师法》和《教师资格条例》,以函授和继续教育为切入点,加大了教师进修的力度。一是鼓励教师积极参加大专函授和本科函授,加大学历进修的力度。学校对参加函授进修的教师做到学习上给时间、经费上给政策、工作上给照顾,让教师在函授时,安心学习,安心进修,没有后顾之忧。

三是鼓励教师积极参加继续教育,加大教师接受继续教育的力度。继续教育是教师面向 21 世纪教育的需要,是教师更新知识、扩大知识面的需要。面对世界的瞬息万变和知识的日新月异,面对社会由"工业经济"向"知识经济"转变,知识的更新和再学习已越来越明显地摆在每一个教师面前。为了做好教师接受继续教育这一重要工作,学校首先从认识入手,提高教师对继续教育的重要性和紧迫性的认识。增强教师积极参加继续教育的自觉性和主动性。其次,每年寒暑假,学校对参加继续教育的教师进行统筹安排,参加好不同层次的继续教育。我校参加"初级班"学习的教师已达到 92%,参加"中级班"学习的教师已达到 31%。

多年来,我校在教师队伍建设上迈出了可喜的一步,一支"政治强、业务精、作风正"的教师群体正在形成。这支队伍为全面实施素质教育和全面提高教学质量开创了广阔的前景。

实施素质教育管窥

民族强大在经济,经济繁荣在人才,人才培养在教育。为此,全面实施素质教育,培养思想道德、科学文化、劳动技能、身体心理等素质全面发展的人才,适应经济建设、社会发展的需要,势在必行。本文就素质教育的实施,谈点粗浅的看法。

一、提供实施素质教育的前提:积极更新教育观念

我们要按照邓小平同志的"教育要面向现代化、面向世界、面向未来"的指示,学习、领会运用其理论内涵精髓,联系学校教育教学实际,积极转变传统教育观念,树立素质教育观念,奠定全面实施素质教育的前提。针对当前"等靠政策观""取消考试观""不可操作观"等关于素质教育的模糊认识,应当组织广大领导、教师适时地研讨,深入学习邓小平理论,引导大家实现"五个转变":由传统的应试教育观向学生德、智、体等素质全面发展的教育观转变;由"分数观"向培养学生独立思考创造能力的综合人才观、质量观转变;由压抑学生个性、学生被动学习的学生观向突出学生的主体地位、使学生生动、主动、活泼地发展的学生观转变;由以学校为唯一教育载体向以学校为主阵地开展学校、家庭、社会三结合教育的立体大教育观转变;由单纯的行政管理模式向行政管理、评价管理、民主管理等多种管理手段有机结合的管理模式转变。从而,使广大领导、教师从理论与实践相结合的角度出发,搞清楚素质教育与"应试教育"的区别、联系,增强实施素质教育的必要性和迫切性,自觉主动地积极更新教育观念,为全面实施素质教育、提高综合办学水平提供不

可缺少的前提。

二、把握实施素质教育的关键:强化教师队伍建设

办高质量的教育,育高素质的学生,需要高水平的教师。实施素质教育,使学生素质全面发展,从中学教育的实际情况来看,关键在于对教师进行师德建设和业务建设,并做到"两手抓,两手都要硬"。在师德建设方面,认真贯彻落实《中小学教师职业道德规范》,开展治学方面的"导师"、作风方面的"师表"、育人方面的"慈母"三个形象教育,实施铸造师魂、培养师德、提高师能、端正师风的"师表形象工程",加强领导,合理统筹,科学查摆,细化措施,严格管理,明确奖惩,使此项"工程"深入、扎实、有效地开展起来,确保提高教师的师德修养水平。在业务建设方面,应坚持"立足学校打实基础、着眼未来稳步求发展"的建设方针,抓好校内"拜师结对"学习;抓好教学研究;抓好经验交流;抓好函授进修;抓好学历达标;抓好榜样示范;抓好外出"取经";抓好调入教师质量。通过以上的"八抓",使得教师队伍业务建设呈现由低到高、由点到面、由少到多的梯次结构。总而言之,采取切实有效的举措,为全面实施素质教育提供政治合格、师德高尚、思想稳定、业务娴熟、结构合理、素质全面的教师队伍的保证。

三、突出实施素质教育的中心:全面改进学科教学

学科教学是实施素质教育的主渠道,是学校工作的中心,因此,学科教学素质化、素质教育课程化,是全面实施素质教育的核心问题。为此,我们要做到"三个确保":一是确保教学研究全面深入开展。实行教研员专职、兼职制度,坚持开放式教研,聘请市教育科研所研究员为顾问,来校指导或联合攻关;制定并贯彻《教学研究管理条例》;丰富研究内涵,抓住教学的热点、重点、难点问题进行研究;注重电化教学研究成果,转化为教学效益。二是确保课程结构的完善。我们应本着在减轻学生过重的课业负担量、落实基础知识和培养能力、全面发展个性特长三个方面有所突破,改变死学死教、单一以升学为目标的两个局面,构建兼顾学科体系、社会需求、学生全面发展的联合结构课改原则,按照国家教委关于课程设置要求,建立必修课、选修课、活动课、社会实践课四板块式课程体系,开全必修课,开齐选修课,开足活动课,有计划

地开好社会实践课。三是确保课堂教学改革的深化。在实践中,我们应该"实现一个目标,把握一个前提,处理五个关系",即:教师要在课堂教学中实现培养学生的思想道德素质、科学文化素质、心理素质、基本技能等目标;并注重发挥集体备课的共同研究作用,深入开展说课活动,为提高上课质量提供前提保障;在课堂教学中,处理好教师主导与学生主体、改进教法与指导学法、传授知识与培养能力、开发智力因素与培养非智力因素、面向个体因材施教与着眼整体全面发展的关系。优化师生"双边"活动,提高教学效率。

四、抓住实施素质教育的重点:切实加强德育教育

德育是学校工作的首位,更是实施素质教育的重头戏。

德育肩负着使学生的思想道德高尚、行为习惯良好、意志品格顽强、人生理想远大等重任。因此,我们要做到"四化":一是内容丰富化。加强党的基本观点、路线、方针和国情形势政治教育;加强正确人生观、价值观、世界观和理想信念教育;加强文明行为良好习惯的自我养成教育和自理、自制、自强、自立教育;加强爱国主义、集体主义、国际主义教育和优良革命传统、中华民族传统美德教育;加强抵抗挫折、坚强毅力、社会交际等环境适应教育。二是形成多样化。我们应改变传统的说教式教育,要多激励少批评、多引导少制约、多表扬少惩罚;要导之以行以行正人、晓之以理以理服人、动之以情以情感人、待之以诚以诚为人,发挥行、理、情、诚的心灵感化疏导教育功能;要发挥教育载体的德育作用,充分运用晨检、班团会、体活、演讲会、重大节日和纪念日的庆祝、纪念会、名人名言等宣传画像和标语等德育资源,提高利用率,增加使用效率。三是渠道广泛化。我们既要注重发挥学校的德育主阵地作用,又要以学校为轴心,向家庭向社会辐射德育功能,吸收、调动学生家长参与学校德育工作,定期召开家长会和进行家访,与家长共同研究学生的思想等方面的成长变化情况,会同家长、居委会等建立家庭德育小区,与厂矿企业、部队、农村等协商建立军警民共建共育基地,形成在校有人教、在家有人管、在社会有人理的德育氛围,增大多渠道正向育人合力和综合育人效应。四是管理规范化。要强化常规管理,整章建制,制定操作性强的规范学生行为的制约制度,科学考评,量化评分,质化定性,实现管理的制度化、科学化、系统化。总之,通过德育"四化"改革,使学生在校做个好学生、在家做个好孩

子、在社会做个好公民。

五、增大实施素质教育的动力:深化内部管理改革

只有不断改革,才能推动综合办学水平不断提高,也才能全面推进素质教育,增强实施素质教育的动力。我们应该建立运行"五个机制":一是遵循科学管理原则,建立运行评价管理机制,以教职工个体岗位责任制和部门集体岗位责任制为核心,确立形成领导班子建设,德育、教学、教研、教师队伍建设。勤务行政等方面的目标考核评价体系和评价原则及思想上注重"三性":评价过程的思想教育性、评价方法的科学客观性、评价手段的有效可行性;在评价方式上注重"四结合":定性定量结合、自我加入结合、过程终结结合、单项整体结合。这样,使教师的工作主动性、积极性得以有效调动,提高素质教育质量。二是改革分配制度,建立运行激励管理机制,实行按劳分配,多劳多得,优质优酬,以教师工作量与工作质量为分配报酬的依据点,设立各种报酬激励奖项,造就争上游、比贡献,讲实效的充满生机与活力的素质教育态势。三是实施规范化管理,建立运行制约管理机制,完善包括校务管理、部门工作、教育教学管理、学生管理等方面的规章制度条例,设定素质教育的运行机制标准,并在实施过程中深入细致地做好师生员工的思想政治工作,增强遵守执行的自觉性,端正师生言行和教育教学行为。四是探索人事制度改革,建立运行动态管理机制。适应改革形势,营造能者上、平者让、庸者下的量才而用、动态管理氛围,既要注重根据工作需要实行校内岗位间流动,又要注重提高外部"引进"教师的质量,提高师资整体素质,满足素质教育对教师的素质需求。五是推动教育教学良性运转,建立运行过程管理机制,我们要抓住教育教学各个发展阶段的各种变因,明确利弊,及时修正,为下一阶段的工作指明发展方向,既要管理一项工作的起始,又要管理其终端;既要管理一项工作的各个环节,又要管理其流程;既管理一项工作的全过程,又要管理与下一段工作的衔接及其与其他工作的联系。

六、夯实实施素质教育的基础:大力改善办学条件

办学条件的改善是学校综合办学水平提高的重要标志,是全面实施素质教育的物质基础。为此,我们要做到"三个优化":一是优化教育经费筹措机

制。我们要积极争取政府拨发教育经费;同时,大力发展校园经济,选准新的经济增长点,筹办校办企业;例行勤俭节约,内部挖潜,开源节流。积累教育经费,吸收社会力量投资办学。从而形成以政府拨款为主,学校创收、吸纳外部资金、社会集资等多渠道的教育经费筹措机制,缓解教育经费紧张的局面,为实现素质教育提供必要的资金保证。二是优化物质资源配置,完善经费、设备管理制度,履行资金使用审批手续,把有限的教育经费用在刀刃上,按照国家教委颁布的标准,科学、合理地配置教育教学设施,改善师生生活、工作、学习条件,为提高综合办学实力和素质教育质量提供比较坚实的物质基础。三是优化教育资源的使用效益。我们更应注重利用现有及改善的办学条件,降低资源消耗,提高管理水平,增加产出和质量,充分运用多媒体教学系统的动画、渐变、叠加等效果和声像功能,将知识难点和某些过程直观化、形象化、具体化,深化学生的认知度,满足师生对物质环境美的需求,有效利用校园空间,合理布局,美化、绿化、净化校园,使师生更加热爱学校,产主"润物细无声"的教育效应。

七、提供实施素质教育的保证:不断增强领导素质

一个好校长就是一所好学校;一个坚强有力量的领导群体就能带出一所好学校。因此,建设一支革命化、知识化、专业化、年轻化的素质比较全面的领导干部队伍是实施素质教育、提高综合办学水平的关键。我们在深入学习邓小平理论的基础上,应要求领导干部做到江泽民同志提出的"讲政治、讲学习、讲正气",在业务上达到能干、能说、能写;在思想作风上达到改革创新意识强、团结协作意识强、勤政自律意识强;在能力培养上达到精业务、会管理、懂科研、熟政策;在工作艺术上达到想大事、明中心、遵规律、抓常规、重成果;在建设目标上达到专家型、学者型、科研型、效率型。经过扎实有效的建设活动,把领导干部建设成为政治立场坚定、业务水平谙熟、作风纪律严明、业绩威信良好的带领全校师生员工推进素质教育,增大教育教学效益的坚强的领导集体。

优化后勤管理,创设良好环境氛围

肇东市第十一中学是一所正在崛起的初级学校,学校经历了创业的艰辛,一路坎坷一路欢歌步入了今日的辉煌。在校领导的正确领导下,学校后勤工作取得了前所未有的成绩,把后勤工作办得有声有色。学校旧貌换新颜,一幢14 000多平方米的教学楼拔地而起,学校的教学环境有了很大的改善,由此学校被评为市级庭院绿化先进单位。学校的后勤工作有效地保障和促进了学校其他各项工作的顺利开展,为学校的进一步发展奠定了基石。

一、抓重点,搞落实

原来地势低洼,蒿草丛生,教学环境非常差。老师和学生的反应普遍比较强烈,严重地阻碍了我校教育事业的发展。学校针对此问题特意召开班子会议,把改善学校教学环境纳入了领导日程。学校领导对此事给予了高度重视,提出了"自力更生、艰苦奋斗"的口号,发动师生,凿沟排水,根除杂草,修整校园,并铺上了红砖,初步改善了学校的教学环境。学校并不满足初步成效,为了彻底改变校园环境,为师生创造良好的学习、生活氛围,学校经过努力争取,年初市委市政府批准我校建一幢现代化教学楼,6月份施工,10月份竣工。新教学楼的落成,改善了学校的教学环境,使学校校貌彻底改观。

二、上硬件,图发展

学校在抓好教学的同时,坚持走优化管理的路子。强调用一流管理来促进教学教研工作的开展,收到了显著的效果。为了适应现代化教育发展的新形势,学校又着眼于未来,从发展的、战略的高度准备在现代高科技上下大功夫,为了提高学校的硬件水平,使学校的师资力量有一个质的改善,学校装备了486、586微机共64台,装配多媒体一套,各个办公室装上了程控电话和校长监控系统,并配齐了理化生实验室、档案室、图书室、科研室各种设施,为学校的教学创设了一个良好的氛围。

三、登台阶,上水平

学校后勤工作是学校开展各项工作的基础。为了更好地执行学校的各项规章制度,严肃纪律,保障学校的教学有条不紊地进行,我们重点主抓了教师的考勤制度,完善了《教师考勤制度》《教师月考奖励制度》等一系列检查督导程序和激励政策。为教师创造了一个宽松的空间,营造了和谐、有序的氛围。学校向着更加宏伟的目标奋进——争创名牌学校,走特色之路。以科研管理为学校腾飞的双翅,向科研要质量,靠科研上水平。

学校在不断地发展、不断地前进。后勤工作只有登台阶、站排头、走在学校各项工作的前头,才能确保学校各项事业健康、有序地向前发展,使学校在新世纪创造新的辉煌。

加强素质教育，培养创新精神

在当今教育改革大潮的冲击下，"应试教育"已不能满足全社会培育人才的需求，由传统教育向素质教育转变是当今教育体制改革的重点，培养学生的创新精神是加强素质教育的关键。

江泽民同志曾强调："创新是一个民族的灵魂，是一个国家兴旺发达的不竭动力。"知识的创新、意识的创新，对我们21世纪的发展至关重要。在基础教育阶段，实施创新教育的实质是对教育对象施以教育和影响，使其作为一个独立的主体，善于发现和认识有意义的新知识、新事物、新生活、新观念，掌握其中蕴含的基本规律并具备相应的能力，对未来成为创新人才打下全面的素质基础，因此要使培养的人才适应社会的需要，必须打破传统的教育观念，培养学生的创新精神。

一、树立创新教育的新观念

要迎接知识经济的到来，全面改革基础教育，首先要摆脱传统观念的束缚，树立起科学的、正确的创新教育的观念。

1.创新教育的价值观。从事人才、知识生产和再生产的教育是决定未来经济增长的最重要的产业。教育的投资是国家基础性、生产性和战略性的投资，因此要加大教育投资力度。

2.创新教育的教学观。创新教育不但重视传统教育中的知识的传授和积累，更重视知识的运用和创新，它打破了传统教育的观念，树立以学生为主体的教学观念。在民主和谐、充满启发性的教学中，学生学习的主动性、积极性和创造性得到激发,就会在积极的参与中形成观察、思考、表达、创造的能力和独特的个性,这些能力和品质是创新能力的基础。

3.注重创新的人才观。创新教育的一项核心内容是培养创新人才,人的创新活动水平直接依赖于创新人格的发展水平,只有尊重学生的人格,尊重学生的兴趣爱好,尊重学生的自主发展,尊重学生的创新精神,才能挖掘学生的创新潜能。

二、发挥创新的先决作用

博深的知识是创造的前提。无知必然无能,贫乏必然平庸,知识是开启人的创新思维的钥匙。但知识在量上的增加不是激发创新潜能的唯一条件。也就是说,打好基础是必要的,在获取知识的同时,还要掌握一定的方法,举一反三,要求教师在教学中不仅告诉学生"是什么",还要重点讲授"为什么",教给学生"点石成金"之术。教师传授知识的时候不是简单地向学生展示结论,而是让学生抓住其中的问题,并主动寻找答案,这样就形成了一个良好的循环的获取知识的过程。

三、提供创新的条件和环境

开展创新教育,必须有良好的环境和条件。

1.创造社会、学校和家庭的良好环境。只有在浓厚的创新氛围和有利于创新的环境中,才能开展创新教育。在教育教学活动中,为学生创造有利于个性发展的空间,从而形成创新教育的大环境。

2.为学生创新提供物质保证。创新必须以一定的物质条件为基础,因为创新不仅要靠想象,还必须有实验,有操作,所以要为学生的创新教育提供物质上的保证。

四、培养创新的精神

创新教育是以培养人的创新精神和创新意识、创新能力的教育。其着力点是研究和解决如何培养学生的创新意识、创新精神和创新能力的问题。也就是说,在学生全身心地投入学习之中以后,便会努力发现问题、思考问题,进而探求解决问题的办法。在这个过程中，他们又会发现有意义的新知识、新事物、新方法，并激发出新的学习乐趣和创造的潜能，使之更爱学习，更善于学习。从这个意义上说，创新教育实际上是教育的升华。

　　总之，在教育教学中，必须加强学生的素质教育，培养学生的创新精神，构建由以传授知识为主变为以学生自主探索、发现和创造为主的新型教学模式，构建以培养创新能力为核心的教学内容和教学方法体系。这是当今教育发展的大趋势，也是未来社会和素质教育的共同本质要求。

浅谈思想管理的重要性

人类的发展、社会的进步,对教育提出了新的挑战。21世纪需要具备各种素质和具有竞争力的人才,因此,素质教育的实施越来越重要。

素质教育包括五个方面:1.思想道德素质;2.科学文化素质;3.身体心理素质;4.审美素质;5.劳动技能素质。其中思想道德素质在人的素质结构中具有定向、支配、调节作用,是人的素质的灵魂,所以在多年来的教育教学中,我始终把思想管理放在班级工作的首位。

所谓思想管理就是指班级教育者对班级的政治空气、思想方面、道德舆论的整体意识和整个风气的管理,抓好思想管理,不是硬管、硬卡、硬压,而是一种感化和导化,最终实现转化的目的。

一、抓感化

所谓的感化就是班主任通过各种情感教育使学生在感染中发展变化。多年来的教育经验告诉我,要想管理好一个班级,只靠制定严格的纪律,是远远不够的,还要靠自己的一言一行去感染他们,真心真意地关心爱护他们,更重要的是要尊重他们、相信他们。因为现在的初中生心理上呈现出半幼稚半成熟的状态,他们有较强的自尊心和渴望独立的愿望,而又往往不能实现自我监督,遇到困难容易灰心丧气,他们有时显得很懂事,有时仍然流露出小孩子的稚气,他们精力旺盛求知欲望高,但由于年龄原因,涉世不深,社会经验不足,辨别能力差,因而容易沾染一些不良习气。所以在相信他们的同时,要细心观察,发现问题,及时解决。我常和学生们讲,有缺点、有毛病不要紧,只要能认识到并善于改正就是好学生。如1998年毕业的王×由于家境贫困,产生了弃学的思想,我了解情况之后,向学校领导做了汇报,校长亲自找她谈话,并为她免了学杂费,我也经常找她谈话安慰她,并给她买了几本课外书,后来学校的学生们也向她伸出了援助之手。王×很感动,决心好好学习来回报关心她的同学和老师,在中考中以优异的成绩考上了重点一中。又如1999届毕业的王××,在考前13天思想负担过重,总认为自己考不上一中就没脸见人,校长、主任亲自为她做思想工作,我又给她讲了考学并不是唯一出路,脚下的路有千万条,只要我们努力拼搏奋斗,同样都是国家的有用人才。由于心情放松,精神愉快,最后她考上了重点高中。数不尽的事实证明,感情像钥匙,可以开启紧闭的心扉;感情像犁铧,可以耕耘荒芜的心田。教师的教育顺利地通过感情的催化,都会产生积极的效应。与学生本身向上的愿望结合起来,化作进取的动力,如此良性循环下去,将不断加深教育效果。反之,师生关系不好,使你的教育难以收到预期的效果,甚至加深学生对老师的怨恨情绪,产生副作用,如此恶性循环,后果不堪设想。可以说,良好的师生感情是抓好班级的基础。

二、抓导化

抓导化就是教师通过指导、辅导和开导等方式对学生进行思想转化,从而实现班级整体和个体的发展变化的教育活动。

1.抓指导。既要教知识、教能力,又要教思想、教做人,要教中有导、导中有教、教导结合。由于当今社会的影响,有部分学生的学习态度不明确,认为考大学没有用,只要有钱就是大爷;还有一部分学生认为自己基础差,现在想学也来不及了,所以就破罐子破摔,这就是差生的心理表现。我没有把他们当作弃儿,放任不管。每当我接一个新的班时,都按大小个头排座位,并对他们说现在咱们是同一起跑线上的运动员,看谁能跑在最前头,包括卫生、纪律、学习等方面。所谓差的学生,他们并不差,他们每个人身上都有闪光点,都有值得大家学习的地方。教师做好差生工作,就是要善于发现连学生自己都未曾发现的才能,给予鼓励、肯定,使之发扬光大。

2.抓辅导。学生自己走路时,需要老师辅助一程,辅导要有耐心和吃苦的精神。班级有五六十个学生,每个学生都有独特的思想、性格、素质和爱好……班级有那么多事情要安排,学校有那么多活动要参加,班主任要唱独角戏实在是力不从心,所以我采取了民主管理的方式,这样既节约了老师的时间,又锻炼了学生学习的能力。我经常利用早自习让各科课代表把学过的知识领学生们复习一遍,对于个别学生老师给予指导。纪律、卫生各管一线,在各项活动中我都走在前头。身教胜于言教。也就是说,教师在各项活动中,特别是劳动之类的活动,要以"行"导之,教师平常的一言一行都会对学生产生深远的影响。

3. 抓开导。就是帮助学生解决方向问题,解决各种心理障碍,使他们能互相理解,心情舒畅地学习与进步。作为一名教师,看到学生由于心理生理发展到一定时期而出现的情感困惑的时候,应该及时正确地加以引导,使这些学生珍惜大好时光,不至于荒废学业,最后都能考上理想的学校,成人成才。以上是我从事班主任工作十余年来积累的点滴经验,以后的教育生涯还很漫长,还有很多工作等待我去做,我一定会以深化素质教育为契机做好学生的思想工作,争取更大的进步。

用团队精神凝聚力量，
用务实作风打拼质量

  北大附中云南实验学校的曹必云老师这样说过，"团队精神就是一个集体上下精诚团结、目标一致、协同共进，就如航行于大海的巨舰，有智慧舰长的正确指挥，有勇敢船员的协同配合，在这艘巨舰上每一个人都发挥着重要的作用，凝聚成劈波斩浪的巨大动力。一所成功的学校，只要具备这种精神，就能在激烈的竞争中长盛不衰。"作为一名校长，我深深地被这句话感染着，在实际的工作中，我注重教师团队精神的培养，力求打造一支团结向上、素质优良的教师队伍，拥有这样的教师队伍是学校一切工作的保障。

我校不能仅仅关注教师个体的专业成长,培养几名教师,而更应关注每一位教师的生存状态,关注教师团队精神的培养和团队力量的凝聚,努力打造具有团队意识、合作能力、进取精神的教师团队,使教师爱岗敬业,团结协作,以人为本,因材施教,分层辅导,突出学生的主体地位,课堂还给学生,真正提高课堂授课效率,确保教学质量节节攀升。

一、科学管理,周密部署

管理出质量,管理出效益,管理出精品。我们把对初四年级的管理作为学校管理工作的重要组成部分,放在突出位置,使之成为学校管理工作的中心议题。狠抓毕业班教学常规管理,突出教学质量这个中心,以管理促质量,以质量求生源,以质量谋发展。

(一)领导保障

一年多来,在学校行政班子的带领下,一流的教学质量是学校生存、发展的根本已成为十一中全体教师的共识,这是 2013 年我校中考再创辉煌的根本原因。

我校成立了以校长为组长的毕业班工作领导小组,负责毕业班各项工作的开展。把班子成员全部分包到班级中去,要求班子成员分包到班、到科,与班主任共同商议各任课教师分包班内学生,特别是边缘学生,关注每位学生的生活与学习情况,并做详细的统计与记录,这样责任到位,压力共担,大大提高了广大教师的积极性。

(二)师资保障

领导小组成立后,首先着手考虑初四年级班主任、任课教师人选。把那些责任心强、业务素质高、具有一定实践经验、教学质量较高的教师选拔到初四教学工作岗位上来。在对学生基本情况,初四面临的形势、任务的客观分析的基础上,明确初三工作的整体思路,即:学生从学困生、边缘生抓起,课堂教学做到低起点、小坡度,因人而异,大面积丰收。这样,从一开始就把大家的思想统一到实施教学要求、完成奋斗目标上来,师资得到了充分的保障。

(三)抓实过程

(1)重反馈。学校每周五上午的行政例会上要求各部门将这一周的情况反馈上来,包括好的做法以及出现的问题,大家一起商讨解决,并责成有关领导将问题反馈给问题人,使得这些问题及时得以解决。此外,在全校月工作总结大会上,教学校长用演示文稿,以数字化的形式对作业、教案的检查结果以及成绩状况进行反馈,使全体教师了解每位教师的教育教学情况及学校整体情况,进而推动了学校教育教学工作的全面开展。

(2)重备课。我校仍采取"合作式"集体备课,大家集思广益,取长补短,资源共享,既增强了教师的学习意识,也增强了教师的合作意识,扩大了骨干教师、明星教师的辐射范围,提升了全体教师的教学水平。"合作式"备课是我校校本教研的主要阵地,对我校教学质量的提升、教师队伍的建设起到了很好的推动作用。以石艳秋为组长的英语教研组,实施"口语先行"带动策略,使英语课堂充满生机与活力,极大地提高了英语课堂教学效率。

(3)重监测。为了及时反馈教学情况,提高课堂教学质量,学校要求各年级各学科力争做到"节节清、天天清、周周清";学校还建立了阶段测试制,每半月举行一次,内容是学生近期所学,试题由备课组组长拟订,体现双基,侧重技能,注意培养学生分析问题和解决问题的能力。

(4)重分析。我校坚持教学质量分析制度。质量分析的主要任务就是:学科教师各自认真分析自己所教学生的月质量监测成绩及近期跟踪结果,尤其要把临界生的成绩分析到位,杜绝找借口现象,本着"没有教不好的学生,只有想不到的办法"的宗旨,寻找不足,拿出举措。每月组织月考,月考后,及时分析学生的学习状况,了解学生的知识能力各方面的缺陷,总结经验教训。准确把握学生的优势和劣势,找出学生的发展点和优秀学生的增长点,加大对优等生和有潜力学生的辅导力度。同时,及时对月考成绩拔尖学生和月考成绩有进步的学生进行表彰奖励,两个学期,分四次奖励学生120多人次,大大激励了学生的学习积极性,为中考考出好成绩打下了基础。

(5)重教改。近两年来,我们学习了东庐中学、洋思中学"讲学稿"的教学模式,积极探索教学模式的改革,在学生学习方式的转变上又迈出了一大步,使我校的校本教研又上了一个新台阶。

所有教师在执行学科常规时,必须确保"备、讲、批、辅、考、评"等环节务实有效,不摆花架子,不走形式。所有常规的落实,必须面向全体学生,本着一切为了有利于学生发展的原则,力求针对不同层次的学生,做到认真全面地备课,激情有效地上课,精细及时地批改,迅速高效地讲评,注重质量分析,耐心细致辅导。

二、团结协作,求真务实

中考要想取得优异成绩,不能靠一人一科,单兵作战。它靠的是学科共进,团队作战。因此,教师的集体意识、协作精神和团队作用的发挥就显得极为重要。我校为发挥教师的团队作用,具体做法是:

(一)体现公平竞争

面对学生的实际情况,我们依据初三学年末学生的考试成绩,按好、中、差比例重新编班,对问题生扎堆的班级,采取各班分散的办法。这样做既照顾到了各班不同层次学生的比例,降低了管理难度,又体现了起点一致、竞争公平,便于调动师生的积极性。年级组长根据学校的考核办法,把初四年级6个班分成3个小组,各项指标均以组为单位分配。由于学生的总体成绩基本平衡,为各组教师搭建了施展才华的平台,分配任务时,大家欣然接受,教师心情舒畅了,工作才能全身心投入。每次月考结束,本组教师便自发地与学校分配的各项指标逐一对照,找出差距,研究措施。薄弱学科的教师因拖了团队后腿,便千方百计地采取补救措施。团队精神得到了真正体现。

(二)提高团队水平

我们在扎实推进常规教学的同时,以学科教研组为单位,开展以"集体备课"为主要形式的校本教研活动。对专题复习、写作指导、实验探究、复习效率等内容进行专题研究,依靠本校优势,发挥集体智慧,尤其是数学、英语组开展得扎实有效。针对夯实基础、指导阅读、提高能力、强化听力四个主要方面,根据教师个人所长,专题到人,以教研组为单位,组织全校英语教师举行4次大型的"两备两讲两研讨"式的集体备课活动。经过4次大型的集体备课活动,教师们彰显特长,优势互补,体现了协作与创新,促进了教学环节的高效,为中考成绩的提高奠定了坚实的基础。

除了大型的集体备课活动外,初四4名英语教师还采取小型灵活的集体备课形式,对复习的实效性、提高成绩的有效措施等进行沟通、探讨,最后达成一致,即:每天讲一篇小短文,每周指导一篇小作文,每周到语音室上一节听力课等方式,扎扎实实地强化了阅读、写作、听力的训练,确保了学生英语综合成绩的大幅度提高,为我校中考质量的全面提升立了头功。

实践告诉我们,具有团队协作精神的教师,他的个人工作能力、工作状态、工作竞争意识,都会比以往来得更强、来得更佳、来得更积极,从而营造出良好的毕业班教学工作氛围。我校2012、2013年中考,两年迈出两大步,两年攀升两级台阶,在很大程度上,靠的就是教师团队水平的发挥和协作精神的发扬。

三、"四会"并举,突出主体

领导重视,教师实干,还必须突出学生的主体地位。因为学生是出成绩、上质量的根本。我们平时注重对学生进行学习目的、学习态度的教育和学习方法的指导。要求班主任、学科教师以学生为本,要以满腔的热情和高度负责的精神去关注、教育每一名学生。

"一切为了学生的发展","让每一名学生都成人成才"。全体教师用"心"、用"情"、用"力"管好学生,即事业心、责任心、进取心、爱心;激情、真情;亲和力、凝聚力、感召力、影响力。承担和扮演四种角色:像父母——生活上体贴关怀;做良师——学习上鼓励指导;成益友——平等相处,促膝谈心;当心理医生——多沟通引导。体贴入微,和风细雨,让学生真切感受到教师的良苦用心和充满人情味的理解与激励,树立学习的自信心和进取心。

我们在关注每个学生的同时,根据历次考试情况,侧重了解如下五种学生,即学优生、优秀临界生、及格生、及格临界生、学困生。学校要求教学相关人员一定要弄清这些不同类学生身上的问题,了解他们的个性特点、了解他们的思想动态、了解他们的薄弱学科以及学困生产生厌学的原因等,要求班主任、任课老师不仅要在课堂上分层次教学,还要对其不同类的学生进行学法指导、心理疏导、分析成绩,多与之谈心,多给予鼓励。学校还适时地召开学优生座谈会、学困生座谈会、成绩分析会、学优生家长会、学困生家长会,有针对性地解决了这些学生的一些实际问题,从而最大限度地激发学生自觉学习的热情,形成浓厚的学习风气和昂扬向上的竞争氛围。

每次月考结束后,我们本着注重实效,坚持开好四个会:

1. 开好总结表彰会

表彰会上大张旗鼓地表扬成绩进步快的学生,对提高5～10个名次的学生专门设立了学习进步奖;对提高10个名次以上的学生,设立了学习跃进奖。这两个奖项的设立,极大地鼓舞和调动了中等学生的学习积极性,让他们看到了曙光,增强了自信心。2013年中考我校考入一中183人,其中升入初四第一次月考成绩的前173名全都考上一中(其中有6人户口在农村,回乡镇报考都超过600分),第174～183名中考上4人,183名之后考上6人(其中200名之后考上4人,有1人月考时打了408分,而中考时以582分考入一中),这充分体现了两个奖项的设立确实发挥了作用。

2. 开好质量分析会

通过班、组指标完成情况和学科间相互比较,充分肯定成绩,找准找全问题,要求教师认真进行反思。我们根据各组指标的完成情况,把接近各项指标边缘的学生登名造册,每名教师包3名学生,要求做细思想工作,查漏补缺,跟踪提高,抓出成效。模拟考试时,检查任务完成情况,及时予以通报,确保了各项指标的圆满完成。

3. 开好家长座谈会

每次月考结束后,本着讲究策略、不训斥、不让家长失面子又能说明情况的原则,召开家长座谈会,起到了支持、配合学校工作,督促、教育学生的效果,充分发挥家庭对学生教育的不可替代的作用。

4. 开好各层学生会

针对不同对象,提出不同要求,开好各层面学生会。无论哪个层面的会,都以尊重学生人格为前提,挖掘闪光点,以激励、鞭策为主。教学成绩要想大面积提升,没有中等生、学困生的积极参与,那是可望而不可即的。我们把公平、公正地对待每一名学生,不歧视、不挖苦、不放弃、一视同仁作为工作的一条纪律,任何人都必须严格遵守。这样,领导、师生之间相互尊重、信任、理解与配合,真正构建起教与学的和谐,使师生拧成一股绳,心往一处想,劲往一处使,人和政通,这样就不愁中考考不出高质量。

今后,我们将继续发扬敢于拼搏、积极进取的优良传统,进一步完善常规管理机制,继续发扬以往工作中的优势,克服不足,瞄准中考,抓实中考,做活中考,全面提升教育教学质量。我们坚信,随着时间的推移,我们的办学优势会越发地明显,特色加精品的办学模式定会结出更加丰硕的果实,再创新的辉煌。

育人篇

◄◄ YURENPIAN

加强绿色环保国际交流

——肇东市第十一中学生态文明纪实

肇东市第十一中学自创建以来,学校注重发展以生态文明教育为特色的素质教育,以"崇美立德、务实求是"为办学理念,以"强队伍、优课堂、精管理、建文化、创特色、铸品牌"、办人民满意的教育为宗旨。坚持以质量求生存,以特色促发展,走一条既符合教育规律,又注重内涵提升;既以师生的发展为本,又丰富学生个性,开启健康和谐的自主办学之路。将生态文明理念贯穿于学校工作的各个方面、各个环节,贯穿于教育教学工作的全过程,努力打造绿色、生态、和谐的育人环境,促进教育内涵与质量提升。在主抓教学质量的同时,更注重环保文化的发展和传播,学校先后被评为省"花园式单位"、省和谐校园、省"美德阳光学校"、国家级绿色学校、全国校园文化建设百佳示范学校、全国首届青少年足球学校、国际生态学校,现已建成以"绿色和谐"为特征的学校生态文化环境。

学校利用班会、队会和校会的形式在全体师生中开展环保主题演讲活动,加深学生对环境的了解,提高保护环境的责任感。全校各班级都举办了以"绿色环保"为主题的板报和手抄报,同时利用学校的宣传橱窗和标语宣传环境保护方面的知识。举行环保书画、环保手抄报等比赛和展览等活动。每位教师时时根据学校实际和学生生活寻找教育契机,通过课堂教学,向学生传授有关环境的基本知识,激发学生的环保意识。这些不但有效地提高了教学质量,而且丰富了学生的生活,对学生进行环保、生命、思想等方面的教育起到了很好的作用。

　　学校组织师生开展"我为学校增片绿"活动,学生主动给树苗浇水施肥,给草坪除草,在绿地内插上警示牌,其警示语充分表达了学生对绿色和生命的珍爱。学校还先后开发了《绿色纪念日——我们的行动》等12个校本绿色教材,教务处还将环境教育落实在日常教学之中,通过对教学计划、备课笔记的检查,督促教师重视生态文明教育,组织优秀课评比,激发教师开展生态文明教育的热情。

学校也重视加强绿色环保国际交流。2015 年 8 月 20 日,来自俄罗斯哈巴罗夫斯克边疆区的 10 名优秀学生代表来到肇东市第十一中学,参加中俄青少年生态环保互动交流联谊活动。其中,当地省地市环保局相关领导田荣义、郑艳、刘宇同、杨开元、黄孝波等也出席了本次活动。

初三四班班主任李凤霞老师介绍了"绿色环保"特色班级的做法:学生人人提倡喝白开水,不喝瓶装矿泉水以及饮料;杜绝吃零食,方便面、麻辣条、巧克力等小食品一概不带入学校。她的经验介绍得到俄罗斯友人充分的肯定和良好的评价。

哈巴罗夫斯克边疆区的学生代表参观了学校的电教馆、生态展馆和学生社团活动中心,并在参观过程中了解了学校"污染控制、垃圾减量"系列活动。此次生态环保交流活动不但使两国青少年在环境保护领域有了更深层次的了解,还进一步推进中俄青少年友好往来,推动中俄环境保护工作的交流与合作,为中俄两国的孩子们搭建了一个交流的平台,在活动中两国不同文化的碰撞,激发起孩子们对异国文化的兴趣。在两国孩子们的交流互动中,他们虽然语言不通,但是每一个笑容每一个手势,都能表达出孩子们喜悦的心情。艺术无国界,童年无国界。

学校以此次生态环保交流活动为契机,积极参加创建"国际生态学校绿旗荣誉"的实践活动,建设以环境友好型、资源节约型生态校园为目标,利用

身边的教育资源进行环境教育,如何通过设计更贴近孩子的学习兴趣与探究心智的活动,调动青少年积极参与环保活动。学校一定会牢牢把握机遇,把生态校园建设作为学校教育改革的重要突破口来抓,利用得天独厚的丰富的环境教育资源,通过制作绿色环境地图等方式,让这些资源之间建有联系,使其对社会公众和学生的环保教育产生增值效应,推进生态文明建设,让肇东市第十一中学这座颇具文化底蕴和时代气息的校园因此更加美丽、祥和。

营造优雅育人环境，
创建多彩校园文化

　　学校是青少年健康成长的摇篮，为了全面提高学生素质，全面提高教育质量，肇东市第十一中学在"以人为本，和谐发展"的办学思想指导下，以"两全"为纲，"五育"并举，构建"适应终身学习，适应未来发展"的人才培养模式，以育人为核心，以提升校园文化品位为切入点，开展了一系列丰富多彩、创意新颖的校园艺体活动，大力弘扬人文精神，营造一种浓厚的文化氛围和良好的育人环境，让学生在健康和谐的环境文化中，感受美的氛围、接受美的熏陶、引导美的行为、得到美的升华，成功地将教学活动与文化建设交融起来，全面推进素质教育，从而让校园文化成为培养学生创新能力的重要平台，走上可持续发展之路。

一、创建平安和谐校园，净化校园文化氛围

　　校园环境在学校的教育中常常起到"润物无声"的效果，是一门课表上没有体现的隐性课程。正如苏霍姆林斯基所说：要让学校的每一面墙壁都会说话，隐性课程乃是一种真正的道德教育课程，是一种比其他任何正式课程更有影响的课程。近年来学校认真贯彻落实上级精神，大力开展创建"平安和谐"校园活动，不断积极筹措资金，启动校园绿化、美化、香化工程，对校园进行整体规划，努力使花、草、树、景和谐统一，最大限度地为学生提供读书、运动、休闲的场所，甬路两侧栽植了云杉和榆树墙，草坪、花坛中竖起了雕塑，植

入了盆景花木,精心营造阳光、健康、和谐的校园环境。校园内形成三条文化风景线,一是校门口橱窗展廊,定期展出学校风貌、活动集锦、学生作品等,突出高品位、大气派、新视野;二是楼内大厅走廊设置展示板、宣传牌,配有光荣榜,悬挂图片和条幅,使学生记校训、诵校风、懂校魂;三是班级内建有图书角,悬挂英雄人物和著名的科学家、教育家的挂像以及名人名言等,设置艺术角柜和展示板,使学生从中受到感染、教化和启迪。

校园文化基础建设的启动,大大推动了学校各项工作的开展,特别对德育工作起到了润物无声的作用,彰显了无为中的有为效应。随着校园环境的美化、甬路的畅通平整,悦耳音乐铃声定时呈送乐曲,墙壁文化、走廊文化、甬路文化和封闭式管理制度的涌现和出台,彰显了校园文化的陶冶与督促、隐形与显效、激励与熏陶的交相辉映,大大提升了我校师生的精神面貌和内心情感。孩子们安静了,教师们心静了。呈现在师生面容上的是自豪和满足,和谐与奋进。在这样的环境中,每个人都得到尊重、信任和激励。校园中充满了人文智慧和人文关怀,成为生活和发展的乐园。

二、搭建校园文化平台,丰富校园文化内涵

开展主题突出、目的明确、形式鲜活的德育教育活动,一直是我们追求和探索的目标。从构建校园文化的核心出发,以校报、板报、网站、校园广播、每天送学生一句话、每周送学生一个故事为载体,以大型活动、节日活动为契机,以日常管理为切入点,不断渗透和营造具有人文精神的校园文化氛围,精心打造一个个师生参与的平台,从守纪教育月到传美教育周;从雷锋日到社区捡白色垃圾再到每周三的卫生扫除;从每月之星评选到十大新星学生的表彰;从标兵班级创建到文明班级评选;从两会一课到集会教育;从每天的升降国旗到升旗校会;从规范化教室申报到优秀班集体创建;从放学排队到良好的课间秩序;从校园广播到每月两次的校报、板报;从心理健康讲座到每周一次的心理健康教育主题活动;从值周班每天站岗、值勤到班主任每天的早来晚走,努力创设"以人为本""人人参与""温馨和谐"的校园文化氛围,让其成为学生学会做人、学会求知、学会健体、学会合作的富含激情与个性的健康土壤。

三、形成校园文化体系,提升校园文化品位

多彩的校园文化生活是师生校园生活的重要组成部分,经过几年的努力,我校逐步形成了"五四"歌舞晚会、体育运动会、传美教育月、爱我家园环保月、"春蕾杯"合唱、"奉献杯"演讲比赛、读书汇报会、书香伴我行、校园文化艺术节等活动板块组成的相对稳定的校园行为文化格局;以"校训、校风、教风、学风"规范健全的规章制度为主体的校园思想文化以及优美、静雅、和谐为特色的校园环境文化格局。学校将不断优化机制,搭设平台,提升文化,激扬生命,促进师生共同成长。建设富有时代气息和人文精神的、传统文明与现代文明的、物态环境与人文情怀交相辉映的,代表最先进文化前进方向的校园文化体系。

我校开展了一系列丰富多彩的校园文化活动,积极创建以经典诵读为特色的书香校园。把经典诵读与学科教学、文体活动和校园文化建设有机结合,通过早、中、晚定时诵读和课间文化熏陶,采取"学、诵、赛、展、演、评、奖"等方式,深入组织开展了"唐诗魅力""古文赏析""走进名著"等系列活动。

开发《国学诵读篇目》《论语新读》等校本课程,把经典诵读、古诗吟诵与语文教学结合起来。师生、亲子,同读同悟,创新诵读形式,设立诵读评价,举办诵读讲座、诵读沙龙、诵读征文、诵读比赛、书画比赛、手抄报比赛等,开展

"诵读小能手""读书小博士"等的评选。丰富学生的情感,提升学生品德素质。王××同学荣获"黑龙江省雏鹰争章好少年"和第十三届"全国十佳少先队员"称号。

学校成立了鼓号队、舞蹈队、田径队、篮球队和乒乓球队5支校队,组建了书法、绘画、电脑制作、写作演讲4个兴趣小组,连续举办"校园文化艺术节",开展了歌咏比赛,读书演讲比赛,小制作、小发明比赛,书画摄影展等丰富多彩的课外活动,促进了学生的个性发展,提高了学生的审美能力,达到了"以艺辅德,以艺拓智,以艺强体,以艺育美"的效果。

几年来,全方位的文体活动落地生根,百花齐放,万木争春。先后有160多篇学生获奖习作在《作文报》《创新作文》《小作家报》《中学语文教学参考》等全国各级报刊登载,有500余名学生在国家级、省级的书法、绘画、摄影、音乐大赛中获奖。为上级学校输送艺术特长生228名。教师在《黑龙江教育》《语文教学与研究》《语文世界》《现代教育报》等报刊发表论文40余篇,获奖260篇,公开出版了教研专著《素质教育探索》和《点靓作文》。学校先后被授予国家级"绿色学校"、全国校园文化建设百佳示范学校、全省"读书育人特色学校"等几十项荣誉称号。

素质教育,为我校平添了无限的春色与生机,也为我校的可持续发展提供了不竭的源泉:我们要继续努力,朝着"学校有特色、教师有特点、学生有特长"的方向健康发展,让素质教育之花竞相开放,努力开拓校园文化的新天地。

加强校园文化建设，
创设良好育人环境

　　校园文化建设是加强师生思想道德建设的重要工作，它对于全面贯彻党的教育方针，引导师生坚定正确的政治方向，提高思想道德素质，开发学生智力，增进学生身心健康，丰富师生文化生活，帮助学生树立和形成良好的审美观以及和谐的人际关系，全面推进素质教育具有重大意义。我校以创建优美校园环境、培养优良学风为目标，开展了校园文化建设系列活动，积极营造良好的育人环境，丰富学生的校园文化生活，培养学生的个性特长和能力，提高他们的综合素质，使广大学生能够在健康、浓郁的文化氛围中茁壮成长。现就我校关于进一步加强校园文化建设的实施方案设计如下：

一、指导思想和目标任务

1.指导思想:以邓小平理论和"三个代表"重要思想为指导,深入贯彻落实科学发展观,坚持社会主义先进文化前进方向,以社会主义核心价值体系为统领,坚持以人为本、教育优先、重在建设、协调发展的原则。发挥优势,创造特色,持之以恒,建设平安、健康、文明、生态、和谐的校园,推动学校形成健康向上的校园文明风尚,构建体现社会主义特点、时代特征和十一中学特色的校园文化,促进中小学生全面发展和健康成长,不断提高我校的办学质量,提升师生的文化品位。

2.目标任务:把社会主义核心价值观作为学校师生文化的核心标准,提炼体现时代要求的"现代都市文明人"和校训精神的育人理念,形成具有鲜明的国学与红色教育特色的学校,培养优良的校风、教风、学风以形成学校的精神文化。通过全员参与,开展各种文明创建活动,形成教师和学生的行为文化;通过加强教师精神文明建设,形成学校的精神文化。学生的思想道德、科学素质、艺术素养、健康体质和法纪意识得到明显提高。

二、领导小组

组长:王乃冬

副组长:王晶波

分管:王海涛　付作茹　牛宝

成员:孙雪峰　卢琳　刘喜哲　张海霞　王雷　宋华明　魏哲　梁志

三、遵循原则

以人为本的原则:高度重视教师在校园文化建设中的作用,重视教师的积极性的充分发挥,把体现学校教育的人文本质和培养学校的人文精神作为学校文化建设的主攻方向。

思想性原则:就是要坚持先进文化的前进方向,坚持用"三个代表"重要思想武装教师头脑,统领校园文化阵地。

实践性原则:校园文化重在建设,重在实践,要开展符合教师职业特点、引导学生成长、身受广大教师和学生喜爱和支持的校园文化活动。

整体性原则:学校文化建设是一个系统工程,具有层次性、具体性、全面性等特点,所以要统筹兼顾,全员参与,持之以恒。

发展性原则:学校文化具有发展性、动态性等特点,所以要与时俱进,坚持弘扬时代主旋律,体现发展主题,培育时代精神。

四、主要内容

(一)着力推动社会主义核心价值体系融入学校教育

1. 充分发挥课堂教学主渠道作用

课堂教学是社会主义核心价值体系教育的主渠道,要制定分层次实施学科德育的指导意见,把各门课程蕴含的社会主义核心价值体系教育资源充分开发出来,使学生在课堂学习的过程中受到教育。教师备课应依据国家颁布的课程标准、教学内容和学生的实际情况,充分考虑育人要求,积极推广参与式、启发式、讨论式等教育教学活动,始终注意情感、态度、价值观的引导,始终注重培养学生的学习兴趣和良好的学习方法与习惯,始终注意调动学生学习的积极性和主动性。要建设一批学科德育的示范课和经典教学案例,促进德育教师改进教学的方法和形式,提高德育课教学质量,提高德育课程的吸引力和感染力,增强针对性和实效性。要根据学生的年龄特点和思想实际循序渐进地进行日常行为规范、法纪、国情、生命、心理健康、马克思主义基本观点、马克思主义中国化最新成果等基本内容的教育,引导学生在家庭生活、学校生活、社会生活和大自然中学习正确处理人与人、人与社会、人与自然、人与自我的关系,帮助学生解决学习、生活和成长中遇到的困惑和问题,用道德、真理的力量和魅力启迪、感染学生。

2. 广泛开展系列主题教育活动

充分利用好"五四"青年节、"六一"儿童节、"七一"建党纪念日、教师节、"十一"国庆节等节庆日,九一八事变、南京大屠杀等国耻纪念日,春节、清明节、端午节、中秋节、重阳节等传统节日,设计、开展丰富多彩的系列主题教育活动。利用入学、毕业、入团、成人仪式等有特殊意义的日子,普遍开展"爱国爱乡爱校""关爱他人志愿服务""感恩父母、感恩老师、感恩祖国"等主题活动。坚持每周一次的升国旗仪式,发表紧密联系学生实际、内容生动具体的富有教育意义的国旗下的讲话。要组织开展校歌、优秀少儿歌曲、童谣、儿歌的创作演唱和诵读活动,认真上好体现社会主义核心价值体系教育内容的"开学第一课",利用每年9月"中小学弘扬和培育民族精神月",把集中活动与经常性的校园文化活动紧密结合起来,按照学生身心发展规律,充分发挥学生个性特长,突出学生的主体性和创造性,开展主题团队会、社会实践、参观走访、红色旅游等校园活动,活动内容要体现实践性和综合性,促进社会主义核心价值体系教育渗透到学生学习生活的各个方面。

3.建设优良的校风、教风、学风

大力加强校风建设。要深入挖掘学校办学历史和文化内涵,提炼出主题明确、内涵丰富的校训、校歌,体现出鲜明办学特色的理念和精神,形成良好的校风。通过编辑校报校刊等进行宣传,让师生耳濡目染,受到熏陶和激励。同时,建立校史陈列室、荣誉室,举办校史展览、校庆活动等,增强师生对校史、校风的认同感和自豪感,从而增强凝聚力和向心力。要在规范办学行为、继承优良传统的基础上,大力营造独特的育人氛围,使教育和引导体现在细微之处,体现在师生之间、同学之间的相互关怀和关心之中,体现在班级、团队组织的温暖和鼓励之中,体现在高年级同学对低年级同学的爱护和帮助之中。

努力营造优良的教风。要帮助教师确立正确的教育观、人才观、质量观,逐步形成以"爱生"和"敬业"为核心的师德规范。教师要对学生身心发展和社会未来高度负责,严谨治教,为人师表,成为学生的良师益友,扎实开展师德师风教育,建设热爱学生、为人师表、教书育人、钻研教法、不断探求的优良教风,要求教师关注每一个学生每一天的学习生活,及时鼓励学生的进步,及时发现并解决学生遇到的困难和问题,关注和爱护学生,不把错误的观点和不良情绪带给学生。

培养学生良好的学风。加强对学生的教育和引导,落实好《中小学生守则》和《中小学生日常行为规范》。建设勤奋努力、积极向上、认真诚信、充满兴趣、乐于探究的良好学风,倡导学生把准备为祖国和人民做贡献作为学习的目的,把对知识的兴趣和追求作为学习的动力,爱动脑、勤动手、上好每一节课、完成好每一次作业、参加好每一次活动。在长期的学习过程中要培养学生形成良好的学习、生活、卫生、行为等习惯，逐步形成举止文明、尊重师长、勤奋刻苦、博学善思的优良学风。重视班级和团队工作，建设团结友爱、互相帮助、快乐和谐、健康向上、争做主人的良好班风，形成充满正气的浓厚氛围，引导青少年争当热爱祖国、理想远大的好少年，争当勤奋学习、追求上进的好少年，争当品德优良、团结友爱的好少年，争当体魄强健、活泼开朗的好少年。

（二）着力提高学生的科学精神、艺术素养、健康体质和法纪意识

1. 积极创建"书香校园"

开展创建"书香校园"活动，每年3月、10月举办"我读书、我快乐"书香校园活动周，省里组织专家根据学生不同年龄需求，定期推荐优秀课外阅读书目，评选"阅读之星"和"书香班级"。要按照推荐书目不断充实学校图书馆（室）适合学生阅读的图书，建立班级图书角。充分发挥图书馆（室）的作用，结合学生实际，经常开展读后感、读书知识竞赛、书评评选和名作欣赏等各种形式的读书活动。各校要积极开展"一月一书"读书会、经典诵读等活动，建立课外阅读兴趣小组，同时充分利用互联网数字图书资源，在教师的指导下多读书、读好书、好读书，培养学生良好的阅读习惯。

2. 深入开展科普教育

要加强科普教育进课堂活动，开齐开足科学课程，积极组织各类科普兴趣小组，开展科普讲座、科普展览等活动，激发学生的科学兴趣和求知精神。加强学校科普教育阵地建设，每个班级要设有科普角、贴有科普画。围绕全国、全省重大科普活动主题（科技周、科普日等），每年至少组织一次全校性的科技节（科技周、科普日）活动，平时在学生中广泛开展保护生态环境、节约资源能源、心理健康、安全避险等科普活动。要积极组织学生参加青少年科学调查体验活动、科技传播活动、小小科普志愿者社区行动等普及性科技活动。积极开展"小制作、小发明、小论文"活动，组织参加青少年科技创新大赛、青少年机器人竞赛、中小学生电脑制作竞赛等活动。重视做好农村中小学科技教育工作，充分利用网络媒体资源，对中小学生实施科技教育。继续开展"科普希望快车进校园"活动，建设一批中小学"科技教育基地校"。

3. 扎实开展艺术教育

要开齐开足艺术课程,配齐学科教师,倡导每个学生学习一种乐器或掌握一项艺术特长。加强艺术课程教师、班主任、团队干部的培训,提高他们的人文素养和业务水平。每年要举办一届校园文化艺术节(或文艺会演),开展形式多样、富有特色的艺术活动,如"班班有歌声、人人开口唱""班班有美展、人人勤动手",优秀童谣征集传唱以及校园歌手比赛、器乐演奏比赛、舞蹈比赛,美术、书法、摄影、DV、动漫展赛等易于组织、学生乐于参加的艺术活动。有条件的情况下组织舞蹈队、合唱团、乐器团等艺术团队。要认真贯彻落实加强中小学书法教育工作的部署,继续推进"艺术扶贫工程""高雅艺术进校园"和"非物质文化遗产进校园"活动。

4. 加强体育文化建设

要开齐开足体育课程,保证中学体育教学的课时和师资配备。要激发学生的运动兴趣,培养学生的锻炼习惯,让每名学生掌握两项终身锻炼的基本体育技能。要落实好"大课间"体育活动,要组织开展小型、多样、分散、适合学校场地、适合学生身心特点、易于组织、学生乐于参加的课外体育活动,继续深入开展"我运动、我健康、我快乐"的阳光体育活动,充分保证校园1小时体育活动的开展,做到"一校一特色、一生一特长、月月有活动(竞赛)、人人有项目"。组织体操队、球队、田径队等运动队。要办好每年一届的学校运动会(体育节),并形成我校的体育特色和优势项目。秀屿区将开展中小学生六大项目(篮球、排球、足球、乒乓球、羽毛球、田径)"千校、万班、百万学生"参与的体育大联赛,评选一批中小学体育特色学校和传统项目学校,推动全区中小学校课外体育活动的蓬勃开展。

5. 持续抓好法纪教育

以培养学生"做一个有道德的人"为目标,培养学生知礼仪、明事理、懂礼貌、讲文明,不断提高青少年学生的法纪意识和道德观念。要制定行为规范、教育规划和工作目标,狠抓学生一日常规教育与管理,根据学生的年龄特点,有针对性地对学生进行讲文明、讲礼貌、爱劳动、爱集体的教育,培养学生良好的生活习惯和初步的道德判断能力;对学生进行遵守校规校纪教育,培养学生自觉遵守社会公德和社会秩序的意识,养成良好的行为习惯,逐步形成正确的价值判断。通过教育引导,使学生明辨是非、知法守法,懂得哪些行为是合法的、可以做的,哪些行为是违法违规的、禁止的、不可为的,不断提高守法用法意识和自我约束、自我保护能力,预防和减少青少年犯罪。广大教师承担对行为偏差学生的教育责任,班主任要建立学生成长档案,建立师生"一对一"帮扶制度,有针对性地进行心理疏导和思想教育,引导和帮助学生分析并解决问题,预防和减少学生不良行为发生,不让一名学生掉队。充分发挥团、队在学生行为规范教育中的作用,积极探索以学生为主体的民主管理模式,建立有利于培养学生自主、自理能力的运行机制。把行为规范养成教育延伸到家庭和社会,引导学生做到在校是个好学生、在家是个好孩子、在社会是个好公民。

（三）着力创建良好的校园人文环境

1.营造整洁文明的校园环境

要立足抓基础,坚持从最基本的规范做起,创建文明校园,全面开展"五有五无"校园活动,即课堂有纪律、课间有秩序、环境有品位、言行有礼貌、心中有他人;地上无痰迹纸屑、门窗无破损、墙上无污痕、桌面无刻痕、卫生无死角。要把校园环境卫生工作落实到每个教师、每个学生,做到人人参与,各负其责,促进广大师生养成良好的文明卫生习惯。大力加强学校的卫生保洁工作,全面治理校园内存在的"脏、乱、差"现象,办公室、教室、实验室等教育场所,寝室、食堂、厕所等生活设施都要干净,还要保持墙壁、阅报栏和各种宣传窗的整洁、有序。师生都有很强的环保意识,无乱扔纸屑、杂物现象,使校园始终保持干净整洁、文明和谐,成为师生工作、学习、休憩的理想场所。要定期、不定期地进行各种形式的检查评比,提升校园环境建设水平。建立和完善环境卫生综合管理机制,实行"每日两小扫,每周一大扫"制度,各班教室卫生学生轮流值日,上、下午各清扫一次,打造干净、整洁、明亮的教室环境;全校师生每周开展一次校园卫生环境大扫除,重点清理影响校园环境卫生的死角,维护好保持好整个校园卫生、整洁。要大力推广普通话,使之成为校园语言。校园内使用文字要规范,如校风、校训、标语、警句等。保护操场、爱护绿化等各种提示牌,要使用有警示作用的诗一般的语言,在提醒学生的同时,陶冶学生情操,避免使用"禁止""不准"一类的生硬词句。

2. 重视校园人文景观建设

要把校园建成育人的特殊场所,校园人文景观的设计体现学校精神和个性特色,充分利用校园的每一个角落,营造德育的良好环境和氛围,使校园内的一草一木、一砖一石都体现教育的引导和熏陶。要因地制宜,以绿色植物造景为主,花坛或花盆为辅,适当设置景点,做到点面结合、布局合理、搭配协调,营造花草葱茏、绿树成荫、清爽优美、赏心悦目的校园环境。在校园植树、栽花、种草,绿化、美化校园。有条件的情况下开辟小种植园、小养殖园。要对校园人文环境进行精心设计,各种标牌设置都要美观、精致,走廊、过道和室内,要饰以与环境相协调的体现公民道德规范、职业道德要求、素质教育实施、课程改革目标、人文精神培养、终身发展需要等内容的名人画像、名人名言、名家字画,或师生的书画、美工作品等。挖掘、保护校园内或校园附件的自然、人文历史景观,使学生耳濡目染,在潜移默化中受到艺术熏陶和思想感染。鼓励支持学生参与校园环境的设计、维护和创造,如班训、班标、班徽、班歌等。学校布置有励志名人名言标语、中国地图和世界地图。要建立校史陈列室、荣誉室。要充分利用板报、橱窗、走廊、墙壁、建筑物、校园里的花草树木旁挂的精致小牌、教室里学生自办的学习园地等一切可以利用的有利条件体现教育理念,如张贴、悬挂革命领袖、英雄人物、科学家、艺术家等杰出人物的画像和格言,或制作、设计介绍家乡自然风光、风土人情、建设成就的图片和文字,绘制、创作引导学生勤奋学习、健康生活、养成良好行为习惯的卡通人物形象,鼓励、展示学生自己创作的作品,引导学生从确立远大志向做起,从增强爱家乡的情感做起,从规范行为习惯做起,培养良好的思想品德。要建立和发挥校园广播站、宣传栏、图片廊、电视台和校园网的作用,不断拓展校园文化建设的渠道和空间。

3. 积极构建和谐校园环境

学校领导班子要切实加强自身建设,构建和谐的校园环境。要以爱国守法、爱岗敬业、关爱学生、教书育人、为人师表、终身学习为重点,要求广大教师树立崇高的职业理想和正确的教育观、学生观,要像关爱自己的孩子一样关心、爱护每一名学生,尊重学生人格,平等公正对待学生,保护学生安全,关心学生健康,维护学生权益,不讽刺、不挖苦、不歧视学生,不体罚或变相体罚学生,对学生严慈相济,以爱育爱,做学生的良师益友;每一名学生也要从身边小事做起,上课认真听讲,见到老师要行礼或主动问好,回答师长问话要起立,给老师提意见态度要诚恳,做个"文明礼貌、尊重老师"的好学生。加强家校联系,建立班主任、教师家访制度,成立家长委员会,让家长和社会积极参与教育和学校管理,创建和谐的家校关系。要积极争取当地党委、政府与相关部门的支持,持续开展校园周边环境治理专项整治工作,建设和谐的校园环境。

（四）形成有利于学生健康成才的制度环境

完善的管理制度是学校师生行为的准绳,是校园文化的重要内容和表现形式,是学校教育教学活动顺利进行和良好校风形成的根本保证。要建立健全科学的管理制度,使学校各项工作有章可循,体现依法治教、依法治校精神。重大事项的决策和实施,要按章办事、不徇私情,体现公平、公正、公开的原则。要改进不科学的管理办法,清理和废除旨在卡、压、罚的规章制度,提倡民主管理、自主管理,体现以人为本的精神,形成既有统一意志,又有使人心情舒畅的生动活泼的制度环境,促进广大师生形成良好的行为习惯、健康文明的生活方式、高尚的道德情操和积极向上的精神风貌。

五、实施步骤

加强校园文化建设是一项系统的工程,需要一个长期的过程,不可能一蹴而就,需要各处室及全体师生坚持不懈地努力。为迎接上级部门对我校教育工作督导评估,提升我校整体校园文化品位,我校校园文化建设工作主要分三个阶段完成。

第一阶段:准备发动阶段(2012年3—5月)。紧紧围绕"建设校园文化,提高学校品位"这一主题,召开会议,进行动员,组织师生广泛开展大讨论。通过讨论,使广大师生进一步统一思想,提高对校园文化建设重要性的认识,明晰校园文化的内涵和校园文化建设的主要任务,切实增强广大师生参与校园文化建设的自觉性和主动性。在广泛讨论、科学论证的基础上,制定符合学校实际、凸显学校特色、科学合理的校园文化建设实施方案或实施细则。

第二阶段:组织实施阶段(2012年6月—2013年12月)。要按照实施方案的要求,深入扎实地开展校园文化建设活动。

六、保障机制

(一)加强校园文化建设的领导

要从学校发展和人才培养的高度,充分认识加强校园文化建设的重大意义,统筹规划校园文化建设,成立由校长任组长,支部书记和副校长任副组长,有关负责人为成员的校园文化建设领导小组,统一领导组织校园文化建设,并充分发挥团组织在校园文化建设中的作用,推进校园文化建设工作深入开展。

(二)加强对校园文化建设的管理

要建立校园文化建设的各项管理制度,加强对各项文化设施的管理和使用,提高育人效益,加强文化环境的健康整洁,支持和引导学生团队组织自主开展健康有益的文体活动,创建齐抓共管、健康向上、和谐文明的快乐校园。

(三)加强校园文化建设的保障

要把校园文化建设经费纳入学校经费支出的主要部分,在人、财、物等方面加大投入,确保校园文化建设各项工作顺利开展。积极探索新形势下加强和改进校园文化建设的新思想、新举措,使校园文化建设成为学校发展的精神力量。

美丽守望,幸福花开

守望相助,让我们默默地守候那花开的时刻。

屏息静气,让我们静静地倾听那花开的声音。

有一种爱叫尊重,有一种教育叫静待花开……

这是我在德育工作的实践与反思中的真切感受!教育原本就是一种等待的艺术,需要有水滴石穿的耐性。"莫疑春归无觅处,静待花开会有时。"德育需要有这份心境,这份等待;德育更需要营造这种氛围、这种境界,在孩子们自我教育的成长历程中,做一个快乐的见证者、幸福的守望者。

　　2010 年初一（6）班新生张×，男，13 岁，这个学生是一个较特殊的"问题"学生，其外部表现的典型特点是活泼、好动，自制力极差，行动带有很大的盲目性。课堂上经常无视纪律，随便离开座位，大声讲话，乱扔东西；平时说话含糊不清，语速很快。学习成绩很差，不做作业是家常便饭，成为班主任眼中的"老大难"学生。一次，他在走廊和班主任顶嘴，我正好碰上，班主任对我说："校长，这学生实在……"就这样，我把他领进了办公室。

　　我叫他坐下，拍了拍他的肩膀说："今天老师伤害你了吗？"他忙说："没有没有。"接下来，我和他谈心，了解到：他父母离异，一直跟随爷爷生活，父亲常年在外打工，爷爷身体不好……

　　我说："你爱爷爷吗？"他点了点头，眼里噙着泪花。我接着说："爱爷爷，就应该听爷爷的话，为爷爷争光！……"过了一会儿，他走到我跟前说："校长，我错了。"然后就把头低了下去。我说："爷爷爱你，老师喜欢你，你应该拿出行动来，证明自己是个好孩子！我看你的表现，定期向我汇报！"他深深地鞠了一个躬，用手擦着眼泪离开了。

　　从此，他成了我心中的牵念。过了几天，我买了一个漂亮的日记本送给他，进行鼓励。

　　记得那是一个深冬的傍晚，突然一阵急促的电话铃声响起来，我连忙拿起听筒，耳边传来张×的爷爷焦急的声音："王校长，您知道张×这孩子去哪了吗？他到现在还没回家，我都快急死了！"听了张×爷爷的话，我立刻起身，冲出家门，爱人不放心我一个人出去，就拿了手电跟着我跑出门外。见到张×的班主任，我们决定分头寻找。我和爱人走在漆黑的冬夜，顾不得天冷路滑，边走边呼喊着张×的名字，我们找遍了同学家和学校附近的商店、市场，最后在游戏厅找到了张×。我把他领到面馆，为他买了一碗热腾腾的面条，和他边吃边聊。原来，作业没写完，班主任找了家长，怕回家挨打，所以跑到游戏厅。吃完面，我拉着他的手，把他送回家……

　　第二天，我找来他的班主任，交流对他的教育方法，不能简单，不能焦躁，适当放松要求和标准，及时鼓励。期中考试过后，他来到我的办公室，高兴地告诉我："校长，我语文这次考及格了，老师还表扬我了呢！"我也很兴奋，对她说："好样的，继续努力，争取打个高分。"他笑着跑开了……

此后,他像变了一个人,上课愿意举手了,主动帮助同学值日,给爷爷买药……看着他一点点进步,我从心里感到高兴。

一个学期以后,张×同学的不良行为极大地减少了,而良好的行为习惯也在他身上慢慢增多。他变得开始学会听课,课下也渐渐学会了完成作业,对班集体的事情也更加积极主动了,见到老师还会及时问好,也知道尊敬老师了。而成绩,也一改过去的三四十分,很多科目达到了及格以上。

这件事引起了我的深思,我们在今后的工作中不要总把孩子看成被教育的对象,给孩子表达自己想法的机会,让他们懂得什么是尊重。

2011年暑假,我为他报了军事拓展夏令营。7天后,从哈尔滨回来,向我讲述夏令营的见闻和感受,高兴得手舞足蹈,仿佛一下子长大了,懂事了。

经过两年多的教育,这个学生终于进入了中等生的行列,其各方面的表现均与正常学生相差无几。同时与我也建立起一种特殊的感情。

2012年12月,我因下楼梯踩空跌倒,把腿摔伤住院了。一天中午,张×和他的爷爷出现在我的病房,手里拿着鸡蛋,还把自己家的公鸡杀了,说给我补补身子。当时,我很激动,一再推让,最后他还是把东西放下跑了……感情的潮水在我心中激荡,感到无限的欣慰……

2012年中考,张×顺利考入重点中学。来取通知书的那天,特意跑到我的办公室来看我,我拉着他的手,给予一番鼓励。临走时,他向我深深地鞠了一躬……此后,他时常给我打电话表达问候并汇报自己的进步……

陶行知先生说:"没有爱就没有教育。"我时常提醒自己:教育,需要等待!慢一点,放慢欣赏孩子成长的脚步;等一等,等到面朝大海,春暖花开!

谈谈如何利用班主任的
威信建立良好班集体

作为教师,总是一边向学生传授科学文化知识,一边用自己的道德品质去塑造学生的心灵。二者的有机结合就构成了教师的威信。因此,教师的威信对建立好班集体具有特别巨大的作用。

建立和管理好一个良好的班集体,其中很重要的原因就是学生对班主任的钦佩、信任、理解和支持,在学生心目中有极高的威信。班主任的威信对班集体形成的影响有很多方面,但起重要作用的还是班主任的角色地位和专业素质、人格魅力、管理能力等。

一、班主任的权力威信对建好班集体的影响

班主任的权力威信是指班主任凭借自己的角色地位和职权通过强制性的制度管理,使学生服从教育要求、听从教导而形成好的班集体。

教师的这一角色在学校中是以对学生的身心施加特定的班集体影响为其职责。他的职责就是要使青少年一代的思想行为,符合社会的价值观和习俗,保持社会的延续性。教师总是教者,学生总是被教者;教师总是领导者,学生总是被领导者;教师总是具有控制学生的权力,学生总是要服从教育要求,听从教师教导。作为班主任教师,其社会职责更大,要对全班每个学生的每个方面全面负责,使他们全面发展,成长为社会所需要的各方面人才。为了履行这一职责,班主任在宏观上要贯彻执行党和国家的教育方针,落实学校行政的各项措施;在微观上要制定和执行班集体的学习、生活、活动的各种常规制度。而学生则要领会、掌握、执行各项制度要求,如果不合要求,班主任拥有强制学生服从的权力。

显然,班主任的角色地位决定着班主任的权力,决定着班主任的威信,决定着班集体的形成,是班集体形成的必要条件。学生对班主任的教育要求有着接受的义务,但是这种接受往往是制度保证下的接受,是形式上的接受,而学生的内心不一定接受。随着学生年龄的增长,经验的增加,自我意识的增强,这种现象将更加明显。也就是说,班主任凭借角色地位形成的威信建设班集体具有强制性、浅表性、暂时性和不稳定性。

二、班主任的素质威信对建好班集体的影响

班主任的素质威信,是指班主任在教育过程中,在班集体的形成中,体现出的扎实的专业素质、高尚的人格魅力、娴熟的班级管理技巧等影响学生,产生众所共仰的声望。素质威信是被学生认可接受的威信,它不是靠教师权力维持的,而是由教师自身不懈的追求创造而奠定的自身素质决定的。

1. 专业素质。要成为一个学生接受的好班主任,首先必须是个好教师。好教师的重要条件是具有扎实的专业素质。小学一年级的小学生就懂得评价自己的老师,因为自己的老师普通话讲得标准、字写得漂亮而敬佩他们,引

以为自豪。中学生评价老师更是以老师的知识面广、教学水平高等作为评价老师的标准。实际教学能力强的班主任更容易受学生的关注和尊重。另外，在教育改革不断深入的今天，作为班主任，是否具有教学改革意识、教改试验能力以及科研的能力等，也是赢得学生尊重和敬仰的重要因素。能够让学生敬仰和尊重的班主任建立良好的班集体是比较容易的。

2. 人格魅力。教师的职责是教书育人。世代尊师的传统，使人们产生了教师应是模范公民的期望。班主任是特殊类型的教师，在学生的成长与发展中起着重要的作用和影响。因此，学生对班主任的要求更"苛刻"。他们心中的班主任是严于律己、言行一致、堪为楷模的教师。班主任对待班级工作要勤勤恳恳、踏踏实实，有创造性，对待学生能够一视同仁。学生所崇拜的班主任，具有良好的风度仪表。衣着朴实整洁而不呆板；行为举止稳重而不做作；性格活泼开朗而不轻浮；与学生交往热情而不矫饰；言语谈吐谦逊而不庸俗。这样的风度仪表对学生的品行有着直接的促进作用，对形成一个良好的班集体起着榜样的作用。作为一个良好班集体的班主任，还应具有稳定的情绪，能及时调节自我。当学生的不良行为产生后，能冷静处理，不感情用事。班主任的人格魅力是影响好的班集体形成的不可忽视的重要因素。

3. 班级管理的技巧。管理是一门科学，又是一门艺术，对未来公民的教育管理更是如此。高超的管理技巧能消除管理者和被管理者之间的矛盾，能提高管理者的威望，能增强教育的效果。班主任要提高班级管理的技巧，应在以下几方面下功夫。

(1) 全面了解学生。只有全面了解学生，才能从学生的实际出发，有的放矢地进行教育，达到事半功倍的效果。了解学生要体现全面性的原则，既要了解个体又要了解群体；既要了解学生在班内表现，又要了解在班外的表现；既要了解学习情况，又要了解个性心理行为表现等。了解学生要体现发展性原则，既要了解过去，掌握当前；更要分析原因，看到未来。了解学生要体现立体化原则，要通过多种渠道、多种方式、多种角度去了解和认识学生。

(2) 热爱学生。只有你爱学生，学生才能爱你，只有爱学生的教师才能教育好学生。特别是对有缺点的学生，更要全面关心和爱护他们，同时严与爱应该相济统一。

（3）和谐的师生交往。班主任与学生的和谐交往是最经常最大量的,也是最重要的。班主任的交往水平在很大程度上决定着教育效果。与学生交往,班主任应亦师亦友,班主任不应该总是以教育者的身份自居,要经常以平易近人的态度与学生交心。当然,亦友不等于不分长幼、放任自流。班主任说话要讲信誉,轻许诺言、朝令夕改会失去学生对你的信任。班主任还应该宽容谅解学生,学生是一个正在发展中的人,难免会出现这样或那样的过失行为,对此班主任应该抑制内心的气愤和委屈,不能心浮气躁,要深入浅出地采取宽容谅解的态度,通过进行耐心细致的思想工作,使学生认识并改正自己的错误。总之,以班主任的威信建立良好的班集体,既需要班主任的角色地位所发挥的作用,更需要教师强化自身素质,提高管理水平,增强亲和力。

用爱引领，快乐前行

——谈班主任队伍建设

随着素质教育的深入，要求学校、家庭、社会形成一股合力，这就需要这三方面长期稳定的合作。我们作为其中之一的学校，责任是相当重大的。

我作为一校之长，在教育管理中始终把"德育为先""用爱培育"确定为工作中的目标，在工作中用爱引领教师，为教师构筑爱的梦想，那么，在实施的过程中，班主任是直接面对学生，也是与学生接触时间最长的人。一个班主任的业务素质、工作能力、个人魅力，将直接影响学生的人生观、价值观和世界观的形成。那么如何建设和培养班主任队伍、建设怎样的队伍是我们学校乃至整个社会必须要思考的问题。现结合我校具体实际，再加多年的管理经验的积淀，针对班主任队伍建设与管理谈一谈我的几点做法。

一、转变思想，提高素养

班级管理工作是一门创造性很强的艺术，每个细节都可以体现其创造性，这就要求每个班主任要结合班级实际、学生实际，开展各种创造性、多样性的教育活动，就必须注重个人业务素养、工作能力的提高，要求班主任在工作中不断学习，自我"充电"，积极创造生活美，感悟生活美。

在工作中经常召开班主任经验交流会和各种培训，并带领班主任去省城的一些名校参观学习，使他们打开思路，开阔眼界，转变观念，明确自己肩负的使命以致提高班级管理质量。校园是师生生活、学习、活动的场所，在校园环境和校园文化建设中，我和中层领导总是不辞劳苦、亲力亲为，在我们的带动下每个班主任都参与进来，他们也都能不怕脏不怕累，为校园建设献计献策，在他们爱自己小家的同时也爱我们的大家。完成学校的文化建设后，每个班主任根据自己班的情况特点布置班级的文化墙，都做到了主题鲜明、创意独特、内容新颖，让每位老师和学生都感受到家的温馨。

学校政教处充分利用德育网组织班主任教师学习先进理论和管理经验，针对德育工作中存在的问题和困惑进行讨论和交流，促使班主任掌握更好的工作方法，提高了班主任的自身素质。

二、团结协作，互帮互助

为提高团结协作、互帮互助的精神，我校开展了"班主任每月说工作"例会，班主任可就班级存在的问题、解决的方法、解决中所运用的智慧技巧、遇到的困难等方面进行交流，大家各抒己见，取他人之长，补己之短，对提高班主任工作能力和工作水平都起了促进作用。也促进了我校班主任的迅速成长。另外，我们抓住有经验的班主任这支骨干教师队伍，充分发挥他们的优势，树立他们为学习的榜样，在日常工作中我们抓住一切时机宣传优秀班主任的事迹和他们突出的工作方法，充分发挥了榜样的作用。

三、用爱培育,助力成长

多年来我一直践行的教育理念——"以爱育爱"。我在班主任中大力提倡"爱的教育",以爱事业、爱学生为出发点,培养班主任的责任心、爱心、细心等。

责任心是做好班主任的前提。人们常说的要对学生负责,对学校负责,就是责任心的具体表现。一个没有责任心的人不能当老师,更不能当班主任。爱心是班主任走近学生的法宝。班主任只有用爱感化、教育学生,才能赢得学生的信任与尊重,才能把工作做好。做到真心实意地爱学生,设身处地地替学生着想,把爱洒向每一个学生心田,助力学生成长。班主任的细心,体现在工作中时时处处留心班级每一个孩子的情绪动态。比如:为什么本来很遵守纪律的孩子迟到了、缺课了? 班级的某个孩子为什么突然爱打扮了? 等等。所以,我们提倡班主任要做有心人,要用爱滋养学生,为学生构筑爱的天地!

四、家校沟通,一路畅通

关于家校沟通方面我给班主任以下几点建议:

1.以德服人,用人格魅力感染学生和家长。因为我觉得人格魅力是最有魅力的魅力,身教胜于言传。学生家长看到老师身体力行就是最好的沟通方式。

2.从感恩教育和养成教育入手。感恩教育势在必行。在我的教学管理中,养成教育是指"一个德行""两种习惯"。家长也一定乐于对学生进行这样的教育。这种切入非常有利于后面工作的开展。

3.了解情况,因人而异、对症下药。对学生有一定的了解,我们才能言之有物,言之有理,才能让人信服;对家长有一定的了解,我们才能根据不同类型的家长而采取不同的方式、选择不同的策略,做到对症下药。

4.谨慎用语、坦诚交流、及时鼓励。尤其在遇到蛮横无理的家长时更要谨言慎行,以柔克刚。先表达对家长的理解,表达对孩子的关爱之情,感化家长后再慢慢谈自己的想法。这时候多用一些赞美之词,不失为一种好的沟通策略,因为这可以使家长产生愉悦感。人都说"好孩子是夸出来的",其实有时候"好家长也是夸出来的"。

以爱育爱,是我行为方式的诠释!在今后的教育生涯中,用爱书写为人师表的梦想,用爱引领我们的师生在人生的旅途上快乐前行!

实施素质教育，培养优秀学生

肇东市第十一中学是一所集小学、初中为一体的义务教育九年"一贯制"学校，是黑龙江省示范初中。自建校以来，第十一中学始终坚持"以人为本"的教育理念，牢固树立科学发展观，把"质量立校，科研兴校，师资强校"为建校之本；把"关爱、和谐、平安"作为学校德育工作的主旋律；把"课程改革，导学构建"作为素质教育的主攻方向；把"创建学习型校园，引领教师专业成长"作为兴业强师之道。学校有效地促进了教育资源的优化，激发了团结拼搏的团队精神，形成了坚实的办学合力，提升了整体办学水平，全面推进素质教育，成功打造优质品牌，赢得了社会各界的一致赞誉。下面，我就从以下三个方面介绍我校素质教育工作中的做法。

一、抓住德育精髓，提高学生品德素质

1. 开展"传统文化经典诵读"活动。我校实施"书香校园"创建活动，相继开展了与每月教育主题相吻合的"传统文化经典诵读"等系列读书活动，丰富了学生的情感，提升了学生的人格，推动了我校的德育系列化工作。

2. 开展"三位一体教育"活动。我校常年坚持开展学校、家庭、社区三结合教育工作，健全家长学校活动制度，完善家校联系机制，成立西城派出所驻校警务室，开辟社区服务和社会实践基地。使学校、家庭和社会教育构成三位一体，使整个德育工作形成网络，各方齐抓共管形成合力。

3. 多方位开展德育教育活动，追求德育的品位性。从构建校园文化的核心出发，以校报、板报、网站、校园广播为载体，以大型活动、节日活动为契机，

精心打造一个个师生参与的平台,努力创设温馨和谐的校园文化氛围,让其成为学生学会做人、学会求知、学会健体、学会合作的富含激情与个性的健康土壤。诵读千古美文,传承华夏文明,丰富学生的情感,提升学生的品德素质。王××同学荣获"黑龙江省雏鹰争章好少年"和第十届"全国十佳少先队员"称号。田××同学荣获第八届宋庆龄基金会奖学金,摘取全市中考状元的桂冠,后考入清华大学。

二、抓住课改重点,激发学生的学习兴趣

1. 优化课堂结构,打造符合课改要求的新型课堂。学校要求课堂教学应体现"自主合作,动态生成"的课堂形态。在教学目标的确立上,注重"三维"目标,实现由单纯的知识传授向关注知识传授、智慧启迪、人格生成转变,实现教学目标的多元化;在教学方法上,倡导自主学习、合作学习、探究学习,把学习的主动权还给学生,让学生主动地学习,生动活泼地发展;在教学过程中,重基础,重能力,重习惯,重情感,重实践,以学生的发展为本,践行新课程理念、改革课堂教学模式,追求高效高质量的课堂。

2. 积极推行以"讲学稿"为载体的"教学合一"改革。"讲学稿"使集体教研变得日常化,教师轮流执笔,对教学资源进行了有效的整合,最大化地实现了教学资源共享。同时,培养了学生的自主学习精神和分析问题、解决问题的能力,极大地调动了每个学生学习的积极性,整个教学过程成为师生互动、交流、对话、共同发展的过程,促进了教学质量的全面提高。

3. 探索校本研修新途径,提高教师专业素养。我校从教师教育教学实际出发,通过研、培、导、练、赛等多种形式,开展岗位练兵,通过"专业引领、同伴互助、自我反思"三种途径,举办"青年教师读书会""课改沙龙"为主要方式的校本研修活动,促进教师专业发展,打造一支出色地实施素质教育的师资队伍。现有全国优秀教师 1 人,省特级教师 2 人,省级优秀教师 2 人,绥化市中青年优秀专家 1 人。

4. 以教育科研为突破口,扎实推进新课程改革。我校始终以"新课程,新理念,新课堂"为主题,依托教育科研,走内涵发展之路,我们采取课题带动战略,融科研于教学中,形成以课题带教学,推动教学科研同步发展、齐头并进。

学校承担和完成国家级教育教学科研课题 2 个,省级科研课题 4 个;教师在《黑龙江教育》《语文教学与研究》等报刊发表论文 40 余篇,出版了教研专著《素质教育探索》和《点靓作文》。学校被确立为"黑龙江省现代教育技术实验学校""全国语文教改示范校"。中考成绩取得十二连冠的佳绩,尤其是 2012 年中考,我校各科成绩遥遥领先,普高升学率、重高升学率居全市城镇中学之首。

三、抓住活动契机,培养学生个性发展

学校以人文的情怀塑造心灵的家园,努力打造绿色的人文校园。在市委、市政府和社会各界的关爱和支持下,投资 1 500 万元兴建两栋教学楼,1 480 万元装修装备内外设施。拥有标准的 300 米塑胶运动场和数字化多功能的计算机网络教室、电子备课室、多媒体语音室等教学设施。整体布局合理,育人环境优美,营造出一道亮丽的育人风景线。学校成立了 5 支校队:鼓号队、舞蹈队、田径运动队、篮球队、乒乓球队。还组建了有书法、绘画、电脑制作、写作演讲在内的 4 个兴趣小组。学校连办五届"校园文化艺术节",开展了歌咏比赛,读书演讲比赛,小制作、小发明比赛,书画摄影展等丰富多彩的第二课堂活动,培养学生的个性发展,提高学生的审美素质,达到"以艺辅德、以艺拓智、以艺强体、以艺育美"的效果。近年来,学校为上级学校输送了一大批艺体特长生,在全国各级报刊上有 360 多篇学生习作获奖、发表。董佳琪在"中华杯"国际少儿书画大展赛等国家级书画大赛中荣获金奖。我校学生代表队荣获第二届黑龙江省中小学生网页制作竞赛一等奖。学校先后获得国家级"绿色学校""全国校园文化建设百佳示范学校"、省级"文明单位"、省"安全文明校园"、省"职业道德先进单位""省课程改革先进集体"、绥化市"教育系统先进集体"、肇东市"教育工作先进标兵"等多项荣誉。潮平两岸阔,风正一帆悬。学校将抓住发展机遇,积极投入素质教育大潮中,以质量提升实力,以实力铸特色,以特色创名校,通过新一代十一中人的不懈努力,不断实现新超越,创造新辉煌。

做好学生德育教育工作
常规途径之我见

在考场门口,一把笤帚横卧其中,数十名学生绕道而行或从上面迈过去,只有一名学生把笤帚拾起。多么令人沉思的场面,我们对学习成绩优秀的"优等生",只注重其分数,而忽视了其思想品德的教育,对学习成绩差的"劣等生"可能更"不屑一顾"。这不能不说是我们教育的失败。所以,学生的品质教育工作应充分重视起来,我觉得做好学生的德育工作的常规途径可以从如下几方面入手:

一、发挥教师的模范作用

孔子曰:其身正,不令则行;其身不正,虽令不行。作为教师,除了以渊博的知识培养人,更应以自身的形象影响人。因此,我特别注重自身形象的塑造。要学生做到的,自己一定要做到。比如:我要求学生"把好口"(即不说脏话、不骂人)、"管好手"(即不打仗、不在墙上乱涂乱画),我就从不在学生面前说一个脏字,哪怕气得发急了,我也从未打过一下学生;在走廊里或厕所中发现有乱涂乱画的现象,我就领着学生去擦。再如,我要求学生勤俭节约,讲究卫生,每当我发现地上有粉笔头时,便主动弯腰拾起;每当我看见地上有一小片纸屑,便主动捡起放在卫生角处。

每一个细微的动作,学生看在眼里,记在心中,一次一个学生在作文中写道:"老师真好,说到做到,我们有何理由不去效仿学习呢?"

二、发挥思想品德课的教育作用

思想品德课似乎是政治教师的事,但作为班主任也不应放过。每次思想品德课后,都应亲自过问学了些什么,对自己有益的有哪些,自己还有哪些没做到,都应以此为镜子照照自己,并进行发扬或纠正。

三、发挥主题班会的激励作用

主题班队会是班主任向学生进行品行教育的一条主要渠道。为了发挥这一作用,应侧重两方面工作:(一)加强计划性。针对学校每学期德育总体计划,我精心设计内容,认真准备形式,每次都写好班会教案,每次都有针对性。并针对一周或近几周存在的现象,组织学生编排小品、讲笑话、演哑剧等,这样使每个班会都能达到预期目的。(二)注重人性。我采用"值日主持人"制,让学生人人都进入教育者和被教育者的双重角色,使每个学生都参与教学,把每个学生都放在小主人的地位。形成一股巨大的思品教育力量,这是班主任或班长、团支书一人主持所无法比拟的。他们在教育别人的同时正了身,消除了被动接受教育时产生的抵触情绪,教育者与被教育者之间形成了高度的心理相容状态。

四、发挥墙报的鼓舞作用

要为学生在班级中创造一个良好的道德修养氛围,墙报作用是不可少的。我班有三个光荣榜:一个学习光荣榜,一个思品光荣榜,还有一个综合榜。采用周总结、月评比的形式,上榜的戴小红旗。另外,我还定期要求学生自己搜集、选择名人名言,然后写成条幅,布置在教室墙报上,创造良好的道德教育氛围。

五、发挥鉴定评语的促进作用

班主任鉴定就是班主任对学生一学期来的思品、学习等各方面的优缺点做一个比较全面的评析。这是班主任与学生书面谈心的一个有利机会,也是一个途径,且不可只注重学习而忽视了德育方面。

一般有两种情况值得注意:(1)报喜不报忧。尤其对那些"尖子生"一般都是"该生思想积极要求进步……",因为学习好而一白遮百丑,忽视了他们身上存在的思品方面的不足。(2)用指责代替评语。这主要是对学习成绩差的学生,对其优点,尤其是思品方面不屑一顾,不愿一分为二地去分析,不愿去寻找他们身上的"闪光点",评语成了一次严厉的批评。这可能是一瓢凉水,浇得学生凉了半截身,从而使学生一蹶不振。这两种做法都应改正,多用启发式、榜样式、激励式等方式促其进步。人的智商可以不同,但思品无智商可言,所以通过鉴定评语这种书面沟通方式警醒学生、引导学生、鼓励学生不断前进。

六、发挥家长会的联系沟通作用

家长会,这是学校与家庭保持密切联系,邀请学生家长参加学校教育工作的一种形式。开家长会时,其中一项是要求家庭给学生创造一个良好的心理环境。家长不应去搓麻将、赌博,要尽量留出一部分时间与孩子交谈,鼓励孩子学习,对孩子进行有益的心理影响。要想学生身心健康、品德高尚,家长必须是模范,家长会就起到了督导作用。

七、发挥校外教育基地的教育作用

为了使德育工作开展得更加深入，为了让学生思品能在实践中得到检验，为了让学生能亲自动手参与活动，应该建立校外教育基地。如与敬老院、老干部局、军烈属等部门取得联系，按期有计划地开展教育工作，如到敬老院、老干部局慰问老年人，给他们扫地、擦玻璃、洗衣服、送药等，对学生进行尊敬老人的教育；到军烈属家倾听老人们的诉说，对学生进行革命传统教育；到指定地点扫街道、铺路，对学生进行"人人为我，我为人人"的公益教育，使其认识到劳动的艰辛，应珍惜别人的劳动成果。

进行德育教育的途径，还可能有许多种，但无论采取何种形式，德育教育工作不可放松，对成绩差的学生应如此，对成绩优秀的学生更应如此。

热爱是教育的灵魂

邓小平同志曾明确提出："教育要面向现代化，面向世界，面向未来。"在实现这"三个面向"教育任务的具体实践中，需要我们千千万万的教育工作者把自己的全部精力和血汗，把自己的一切都无私地奉献给学生，贡献给社会。"爱是强大无比的教育者。"一个教师，只有当他真心实意地爱自己的学生的时候，他才能无愧于人类灵魂工程师的赞誉，无愧于党和人民的重托。

一、爱具有强大的凝聚力

班级是学校教育有机的组成部分，爱心是树立良好班风和学风的巨大凝聚力。高尔基说过："只有喜欢孩子的人，才可以教育孩子。"几年来，我都担任初三毕业班班主任工作,并担任语文课教学。初三学生面临升学和就业两大选择,深入细致地做好学生的思想工作就成了班主任工作一个很重要的方面。我力求在日常工作中时时刻刻言谈举止都严格要求自己,为学生树立一个良好的"师表"形象。通过言传身教使他们树立一个远大的目标,自觉地把主要的精力都用在学习上,称职的班主任总是力争把自己的班级创建成一个有坚定的政治方向、努力学习、团结友爱、朝气蓬勃的班集体,这也是班级工作中心之所在。为实现这一目标,我的具体做法是:

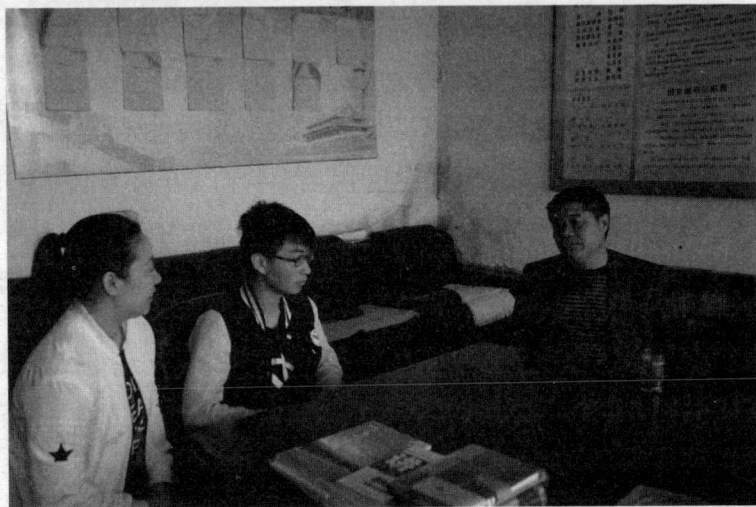

引导学生确定爱祖国、爱人民、爱家乡、爱青春、爱知识的奋斗目标。在平时教学过程中我把对学生的思想教育放在首位,并把它和课外活动有机地结合起来。1992年我曾举办了一次题为"十四岁畅想"的主题团会,通过演讲的形式,让同学们明确为中华崛起而读书的学习目的,抒发对祖国对人民对师长的热爱之情,从而增强集体荣誉感和凝聚力。这项活动得到市教委、团委的积极肯定,曾在全市做专场汇报演出,取得了很好的效果。丰富多彩的课外活动给同学们提供了获得兴趣爱好、智慧才干发展和锻炼的机会,从而调动了学习的积极性。

教师言传身教,为人师表。大教育家孔子主张教师要"诲人不倦",在道德实践上重视"躬行"。百年大计,教育为本;教育大计,教师为本。人民教师的任务,不仅是教书,更重要的是育人。唐代韩愈把教师的任务归结为"传道""授业""解惑"就包括了教书和育人两个方面,班主任和学生打交道的时间较长,对学生人生观的树立,对于健康融洽和谐的师生关系的建立起着主导作用。我家在师范路北,学校在四道街南,距离较远,初三学习比较紧张,我就每天顶着晨星来,踏着月色归,春夏秋冬,风雨无阻,月复一月,日复一日,在家庭和学校两点一线的空间,用岁月的纬线编织谱写平凡而雄壮的乐章。其间的含辛茹苦、酸甜冷暖是我们每个做教师都不言而喻的。在工作中我着意加强职业意志的锻炼,以坚韧不拔的毅力和大无畏的决心克服了各种困难。课堂教学是一种辛勤的脑力劳动,也是一种精湛的育人艺术。为了适应教育的职业需要,每个教师都应当努力学习和加强业务文化修养,搞好自己的教学工作。为了教好文言文,对初中高中教材中的所有文章,我都学习一遍,重点的文章段落基本上能够背下来。为了指导好学生作文,几年来我从不间断写作,以身作则。这种职业意志对学生的影响是深刻的。学生们的学习热情高涨了,学习气氛更加浓厚了,学习质量也明显提高了。在1993年初中升高中考试中我们一个班就考入了市重点中学11人,这在五中的历史上是罕见的。为学校争取到了荣誉,得到了社会、家长、学生的一致好评。一位已经走上工作岗位的学生,在他给我的信中这样写道:"老师,您的意志给我留下了终生难忘的印象,有了它,我就会冲破一道道难关,到达辉煌的顶点。"曾记得印度大诗人泰戈尔说:"花的事业是甜美的,果实的事业是尊贵的,然而让我们去干叶的事业吧,因为叶总是谦逊地、专心地垂着绿荫地。"教师是人类灵魂的工程师,甘于奉献,吝于索取,这正是我们人民教师平凡而伟大的真正内涵。

二、爱是前进的动力

革命导师马克思曾说过:"如果我们选择了能为大多数人幸福的劳动职业,那么我们将不会为它的重负所压倒,因为这是为全人类做出的牺牲,那时我们所感到的就不是一点点自私而可怜的欢乐,我们的幸福将属于千百万人。"孩子们是在各自不同的环境中长大的,也就养成不同的思想、气质、性格,因此在学校生活中就表现出不同的行为,教师的责任就在于让学生发扬那些健康向上的因素,改变那些不利的消极因素。九三届学生×××幼年丧父,家境贫寒,在班里和其他父母双全且经济条件好的同学相比,总觉得矮人一头,学习、生活困难都很大,他曾一度消沉过,虽然成绩一直较好,但也有过中途辍学的念头。我曾多次找他谈心,做工作,但起初并没有什么效果,后来经过认真总结,发现自己只是做了"皮毛"的工作,而没有认清问题的症结。通过更深入的调查和思考,我觉得他孤僻消沉的原因主要是失去爱,是患了"爱的缺乏症"。于是我便用师长之爱、同学之爱与他进行心灵的沟通。清明节我早早来到学校,告诉他:"清明节要先去给你爸爸祭扫墓地,耽误的功课我全给你补上。"他感动得眼里噙满泪花。冬天到了,我主动问他新衣服做了没有,还有什么困难,并且尽自己的力量帮助解决,免收他的全部杂费。在学习中他缺笔少本,或者买参考资料时,我都动员我班学生自愿帮助,伸出友爱之手,献出一片爱心,大家有钱捐钱,有物赠物,帮他解决实际困难。他母亲事后到学校来,握住我的手说:"谢谢您,老师。"又对他的孩子说:"你要记住这一切,好好地学习。"×××学习刻苦,不负众望,终于以优异成绩考上了重点中学。英国哲学家罗素说过:凡是教师缺乏爱的地方,无论品格还是智慧,都不能充分或自由地发展。

教师对学生深厚的爱是教育的催化剂。一个学生在教师节的贺卡上深情地写道:"老师,您的爱暖如春风,细如春雨;老师您如无私的春蚕,索取的只是桑叶,奉献的却是蚕丝;您如成灰的蜡烛,照亮了别人燃烧了自己;您如扬帆远去的渡船,送走一批批人才到达知识的彼岸,而您自己却留在三尺讲台前,在我们心中站着,永远站成松树参天。"

三、爱是心灵撞击的火花

教育家苏霍姆林斯基说过:"我的生活中最重要的东西是什么,我毫不犹豫地回答:对孩子的爱。"许多差生,并不是差在先天素质上,只是由于过去的不恰当教育使他们产生了心理障碍,于是一些客观的环境和人为的言行,便吞噬了学生的信心,削弱了学生上进的意志。教师对学生的爱不能仅限于爱"才",要真正做到爱人。也就是说,要满腔热忱一视同仁地对待全体学生。因此,从一定意义上说,我们要适当给这些学生一点偏爱。一个教师神圣的天职就是要在别人对差生失去信心和希望时,仍能满怀信心和希望。著名教育家陶行知提醒我们,你的教鞭下有瓦特,你的冷眼里有牛顿,你的讥笑中有爱迪生。在帮助教育后进同学转变的工作中,我深切地体会到,教师是太阳底下最神圣的职业,因为他拯救了人的灵魂。

综上所述,教师要做到为人师表,必须严于律己,加强道德修养,在品格上正直无私,有为父之慈爱,有为母之宽厚,有兄长之关注,抑恶扬善,爱心永驻。尤其在拜金主义思想有所抬头、权力欲恶性膨胀、价值观念混淆不清的今天,我们人民教师高尚的人格将更为可贵,影响将更为深远。严谨的教学态度,端正的仪表,文明的举止,文雅的谈吐,呕心沥血的劳作,永不衰竭的爱心,使我们无愧于"人类灵魂工程师"的桂冠!

加强青少年思想道德教育的几点做法

　　爱国主义教育是学校德育工作的永恒主题,是思想政治教育的主旋律。多年来,学校坚持以《爱国主义教育实施纲要》为内容,以"两史一情"为教材,以学校教育为主阵地,以课堂教育为主渠道,广泛开展了以爱国认知的灌输、爱国情感的激发、爱国行为的引导等为主要内容的教育活动,增强了青少年"知我中华、爱我中华、兴我中华"的自信心、自尊心和自豪感。

　　1.进行爱国认知的灌输,是加强青少年爱国主义教育的基础。当代青少年生在新世纪,他们大多不了解祖国的过去,不了解昨天的历史,为此,在爱国主义教育中,学校从青少年思想实际出发,以认知灌输为手段,抓了三项工作。

　　一是开展了"两史一情"专题教育。学校利用政治课、主题班会向学生讲解了中国近代史、中国现代史和中国基本国情,政教处向学生印发了《"两史一情"百题知识问答》,举办了国情知识竞赛,强化了青少年对我国悠久历史和基本国情的认识和了解。

　　二是开展"百部优秀爱国主义影片"收看活动。先后组织学生观看了《林则徐》《南征北战》《百色起义》《大决战》等30余部影片,广大青少年从生动形象的历史画面中受到一次次深刻的爱国主义认知教育。

　　三是走出去开展社会调查。学校团委、政教处利用寒暑假组织学生到七四四○厂、轻工机械厂、东发乡西发村进行社会调查,师生从工厂和农村的巨变中,看到改革开放和党的富民政策给肇东城乡经济发展带来的勃勃生机,在青少年心中点燃了"爱我中华、兴我中华"的火花。

2. 进行爱国情感的激发,是加强青少年爱国主义教育的关键。现在的青少年正是未来的生产力,正是将来的建设者和接班人。为了激发青少年爱国之情,学校开展了三项活动:

一是开展了"爱祖国,立志成才"读书活动,激发青少年为中华崛起的求知欲和自信心。

二是结合重大节日的庆典,开展了生动活泼的教育活动。学校举办了"发扬五四精神"讲演会,召开了"社会主义祖国到处都在胜利前进"形势报告会,举行了"祖国颂"大型文艺演出,师生用激扬的文字、嘹亮的歌喉,热情歌颂了祖国,抒发了对祖国的一片深情。

三是开展了"学习伟人、名人风范"活动。广大青少年从古往今来的伟人、名人风范中,净化了心灵,陶冶了情操,激发了爱国之情。

3. 进行爱国行为的引导,是加强青少年爱国主义教育的归宿。在爱国主义教育中,学校强化了引导措施和养成教育力度。

一是开展"热爱学校,热爱集体"教育,将学生爱国之情转化成热爱学校、热爱集体的言行,班级经常召开"爱祖国要从爱学校做起""爱家乡、爱学校就是爱祖国"等多种形式的主题班会和团会,培养学生热爱学校、热爱班级的优良品质。

二是开展劳动教育,组织学生参加建校劳动,参加社会公益劳动。学校开展了"我为学校种棵树""我为学校种棵花"活动,在劳动中净化了学生心灵。

三是举办"爱祖国书画比赛",学生自己动手,自行设计,绘画祖国的大好河山,抒发"兴我中华"的豪情壮志,把爱国之情转化为爱国之行。

以贯彻《中学生日常行为规范》为内容加强青少年品德教育。加强品德教育是学校德育工作的重要内容,是培养青少年"学会做人"的基础,多年来,学校坚持以《中学生日常行为规范》为内容,以养成教育为手段,以丰富多彩的活动为载体,强化了品德教育的力度,收到了良好效果。

1. 开展"三学四知"学习活动,对青少年进行"明理"教育。当代中学生思想活跃,可塑性强,只有让他们从心灵深处明白做人的道理,才能从行为上养成良好的道德品质,为此,学校以明理教育为切入点,开展了"三学四知"教育活动。

一是利用主题班会、主题团会和专题讲座,组织学生认真学习了《中学生守则》《中学生日常行为规范》和学校制定的《文明校园"十不准"》,让学生学规范,明道理,正言行,强化了明理教育的力度。

二是在"三学"的基础上,各班利用晨检,对学生进行了"知情、知理、知法、知行"教育,使学生真正懂得做一个合格中学生的标准,真正明白该做什么、不该做什么。

2. 开展"三训四讲五做"活动,对青少年进行文明行为习惯养成教育的训练。加强青少年文明礼貌的养成教育,培养青少年良好的品德素质和文明行为习惯,是学校常抓不懈的工作。多年来,学校紧紧围绕"正品德、树新风、创文明"这一主题,进行了文明行为习惯养成教育训练。各教学班以《中学生日常行为规范》为标准,训练学生说文明话、办文明事、做文明人。政教处配合"三训"活动制定了《中学生文明行为十要》和《课堂纪律六遵守》。主要是:讲文明着装,朴实大方;讲文明行为,遵章守纪;讲文明风气,乐于助人;讲文明礼仪,塑自身涵养。各班以"四讲"为内容召开了主题班会和主题团会,政教处分楼层设立了"文明监督岗",班级设"文明监督员",全校上下形成齐抓共管的新格局。

在"三训四讲"的基础上,开展"五做"活动,要求学生做"特别有礼貌的人、特别守纪律的人、特别爱集体的人、特别爱学习的人、特别讲道德的人",将文明行为习惯的养成教育引入深层次,引向高规格。学校围绕"五做"开展了"文明知识竞赛""文明班级达标竞赛",开展"十佳文明青少年"评选活动,让文明之花常开,让文明之树常绿,让文明之风常在。

3. 开展创建"文明校园"活动,优化育人环境。为了强化环境对青少年的熏陶和感染作用,学校以创建健康向上的校园环境为内容,加强了校园文化建设。一是各班悬挂名人画像、名人条幅和《中学生日常行为规范》条文,强化了班级文化建设。二是正厅和走廊设立标语牌、黑板报和文化橱窗,政教处开展"校园广播",强化了室内环境的育人气氛。三是绿化、美化、香化校园,植树、种花、增添文体活动器材,使学生在健康优雅的环境中学习和生活,增强了学生爱护草木、爱护校园的责任感和使命感。以"爱的奉献"为主题,加强青少年道德风尚教育,树立良好的道德风尚,是青少年做人的关键。多年来,学校以《中学德育大纲》为主线,以"送温暖,献爱心"为切入点,强化了道德风尚教育。

4. 开展"学雷锋、树新风、创文明"活动。每年的 3 月 5 日学校都召开"学雷锋,树新风"动员大会,布置和安排活动内容,提出活动要求,并把 3 月份定为"学雷锋活动月",组织学生参加学校和社会的清理垃圾、净化环境劳动,开展到街道"五保户"、"军烈属"和离退休老干部、老教师家送温暖定点服务活动,学校团委、政教处还组织学生到新城乡敬老院开展了"献爱心,送温暖"活动,广大青少年在"送温暖"活动中通过面向社会、积极参与,心灵得到净化,品德得到升华。

5. 开展"城乡携手共赴明天"活动。在学生中开展以资助 30 名"特困生"学习为内容的"捐资助学"活动,学校团委发出倡议后,广大同学通过节省零花钱和学习用品的形式,积极向 30 名"特困生"捐钱、捐物、捐学习用品。团市委、教育局团委和十一中师生代表 30 余人召开了捐赠仪式大会,当 30 名"特困生"从十一中师生手中接过捐赠的钱物时,都感动得热泪盈眶。"捐资助学"活动,增强了青少年"助人为乐,关心他人"的道德意识,锤炼了"爱心献社会,温暖送他人"的道德风范。以"城乡携手"为纽带,架起"希望工程"之桥,让贫困学生在同一片蓝天下,共享社会主义教育的春风和阳光。

加强青少年思想道德教育,是精神文明建设的核心,是学校思想政治教育的中心环节。我们决心以《决议》精神为指针,常抓不懈,求实创新,为营造良好的思想道德氛围做出不懈的努力,为培养 21 世纪合格的建设者和接班人做出新的贡献。

注重活动，优化环境，
充分发挥共青团组织在学校
精神文明建设中的主导作用

几年来，我们在上级党、团组织的领导下，充分地发挥了学校共青团组织思想教育的主阵地作用，在文明育人、努力强化学校的精神文明建设方面不断探索、勇于实践，取得了可喜的成绩，有力地促进了学校教育教学工作的开展。我校曾多次被评为市级学雷锋标兵单位。我们的具体做法是：

一、从战略高度着眼，增强精神文明建设在学校教育教学工作中的意识

现在的中学生，正是未来祖国建设的栋梁，也是21世纪的生力军，他们素质的高低将直接关系到我们国家、我们民族的前途和命运。尤其是市场经济条件下，部分中学生心理失衡，行为失准，追求盲从，价值取向扭曲，一些不健康的东西正侵蚀着他们的心灵。因此，我们感觉到要站在战略的高度，去认识学校精神文明建设的作用，去强化学校团组织在学生思想教育中的职能地位。教书育人，应重在育人，应塑造美的心灵，好的品行，高尚的情操，树立他们的远大理想。特此，我们共青团组织注重发挥精神文明建设的职能作用。一是学校团组织得到校党政领导的支持，达成共识，上下一条线。并且对自身的工作精心计划，周密布置。把精神文明建设贯穿于学校学生思想教育的每一个环节。每学期都由团委牵头，召开一次精神文明建设经验交流会，发现典型，并通过典型引路培养骨干，形成一个以党支部书记、校长为主导，共青团组织、辅导员为主体的强有力的精神文明建设体系，大大地增强了学校精神文明建设的主体地位。二是重视精神文明建设对校教学工作促进作用的认识，学校文明则以提高学生素质，创建最佳的育人氛围的文明教育为宗旨。它在明确教师教和学生学的目的，规范师生的行为，树立好的教风和学风方面起着作用，对大面积提高教学质量有着积极的促进作用。因此，我们团委紧紧围绕教学工作，狠抓德育教育的服务职能。如我们在年轻教师开展教学基本功表演和向老教师拜师学艺以及争创教研之星等活动，既强化了青年教师的思想又促进了他们教学水平的提高。我们在学生中开展的学习好方法征集以及《假如今天我是老师》等活动都大大地调动了他们的积极性，提高了学习成绩，同时也加深了师生和同学之间的感情，使我校的教育教学工作走上了稳步发展、文明健康的轨道。

二、从抓环境入手，营造良好的育人氛围

没有一个良好的学习、生活环境，就不可能有学生的健康成长，所以，我们针对学生的具体情况，决定从抓环境入手，多渠道营造良好的育人氛围。

一是全校动员,层层落实,形成主要领导抓团委、团委抓支部、支部抓学生这样一个齐抓共管的格局。我们将爱国主义教育、行为规范养成教育及共产主义道德情操教育作为团委新时期的工作的重点抓,有目的地为学生的学习、生活和成长创造最佳的环境。二是学校领导率先垂范,教职员工当好表率,根据《教师的职业道德规范》制定了《教师仪表风范标准》。做到凡是要求学生做到的,领导和教师首先做到。三是挖掘优化校园环境的内在教育作用。使环境整洁、干净,校园达到美化、香化。四是优化家庭和社会环境。通过辅导员老师和家长联谊的形式经常与家长沟通,在教育学生的方式上达成了共识。同时,我们还有目的地组织学生观看以爱国主义为主题的影视片,并且及时开展影评活动,经常组织他们到社区内的公共场所参观,做好事。我们团委和奋斗派出所结成对子,定期开展课外辅导,让学生在积极参与之中潜移默化地受到教育,从而为学生良好品格的形成奠定了基础。良好的育人氛围的形成也大大地促进了各项活动的开展。

三、从实际出发,抓好富有教育意义的活动

根据学校和学生思想学习的实际,在认真上好主题团课、开好团会、搞好团活动的情况下,我们认为,学校团委更应当使团的活动丰富多彩,形成系列化,坚持经常化,突出实效。为此,我们充分发挥团的组织优势,围绕精神文明建设这个主题,根据不同年龄、不同特点的学生从抓好以爱国主义教育为主线的道德规范教育和深化校园学雷锋活动为主线的爱心奉献教育为突破口,扎实有效地开展了下列各项活动:

1. 开展了让文明之风吹遍校园的活动。我们针对现代中学生的具体特点,把《中学生日常行为规范》的条款分为仪、礼、孝、行四个内容,浓缩成十项具体要求。即,一坚持:坚持教书育人;二必须:服装必须整洁大方,必须按要求参加学校、团委组织的各项活动;三做到:做到说文明话、办文明事、做文明人;四告别:向脏话告别,向坏事告别,向粗野告别,向"两室三厅"告别;五设立:设"文明值勤员""卫生监督员""精神文明评比台""好人好事记录卡""学雷锋宣传站";六不做:不吸烟,不喝酒,不玩火,不迷信,不看黄色影视书刊,不玩赌博性游戏;七学会:学会使用"请""您""谢谢""欢迎""再见""对不

起""没关系"等礼貌用语;还有八不准,九不忘,十个好。采用了"请跟我学"的方法让教师当表率,做示范,师生互相监督,互相学习。通过这一活动的开展,使我校师生文明素养有了明显的提高,敬礼、问好已形成风气。他们在简单容易接受的活动中学会尊重自己理解他人,并且在学、玩中激发了热爱学校、热爱家乡、热爱祖国的高尚情感。

2. 开展立志成才,争当文明主人的活动。学校团委号召全体同学树立远大理想,勇于战胜困难,不断超越自我,有目的地组织学生上岗值日、值周,有针对性地参与学校的管理,并且以支部为单位开展了争创"青年文明岗"活动。根据学生在活动中的表现进行及时的总结评比,共分优、良、中三个等级,每个等级都发给不同颜色的小旗,连续两次获优良旗的,我们就命名其所在支部为"青年文明岗"。我们还将校园的绿化小区、校园四周的种植区做好标记,分给各个团支部,然后由各支部按学校的要求播种、施肥及进行管理,我们将每个支部的绿化小区都命名为"青年文明号"种植园。通过活动的开展,不仅使学校的校容校貌发生了可喜的变化,也增加了共青团组织的凝聚力,还强化了学生主人翁的责任感和使命感,同时也促成了勤奋、严谨、务实、求精的校风的形成。

3. 开展了"三帮三做到"活动。我们认为雷锋精神是进一步弘扬中华民族传统美德的一种民族精神,有着很强的感染力和号召力。因此,进一步深化校园的学雷锋活动是学校精神文明建设的需要。为此,我们开展了以学雷锋,从我做起为内容的"三帮三做到"活动;以行为规范和提高教学水平及学习成绩为内容的"一帮一,一对红"活动,做到样样过硬,集体红,不出现一名学生掉队,个个教研组争优;以助人为乐、团结友爱为内容的"一帮一,献爱心"活动,做到我为人人献爱心,捧诚意,送温暖;以立志成才、树立远大理想为内容的"一帮一,同走雷锋成长路"的活动,做到师生共赴远大理想,携手奔向宏伟的目标。通过"三帮三做到"活动的开展,使学雷锋活动呈现了点上开花、面上结果的喜人局面。办公室的卫生总是被青年教师包下来,老教师办公桌上的水杯总是满满的,作业本也总被不愿透露姓名的青年教师帮着批改了,有病不离岗、带病坚持工作的现象更是常见。教师的模范行为在默默地影响着学生,各个支部都自觉地形成了学雷锋小组,把温暖送给他人,送给社会。

4. 开展了"五对照、五检查"活动。我们为使学雷锋活动时代化、特色化、具体化,学校团委将学雷锋活动和"五心"教育相结合,在学生中开展了"五对照、五检查"活动。即:雷锋能在短暂的 22 个春秋里,实现人生的价值,把祖国和人民的利益放在高于一切的位置,对照检查自我怎样才能把忠心献给祖国;雷锋明确自己活着不是为了个人活得更好,对照检查自己是否乐于助人,关心集体;雷锋能处处做好事,积极参加公益劳动,经常扶贫济困,对照检查自己是否乐于奉献,为社会和他人奉献爱心;雷锋能时刻不忘家史,把父母的期盼变成现实,对照检查自己是否还是家中的"小皇帝""小公主""小太阳",自己应该怎样做才能把孝心献给父母;雷锋能越是艰苦越向前,任何情况下都有一种必胜的信心,对照检查自己是否是知难而进,遇挫灰心,应当怎样坚定信心。"五对照,五检查"活动的开展,使广大学生明确了目标,坚定了信心,鼓足了干劲。一些学生平时只关注自我,很少想到自己的存在就是为了他人的幸福,自己的学习、成才就是为了祖国的现代化建设,通过对照检查,他们认识到了自己的缺点,找到了不足,更增加了勇气,有力地推动了学校精神文明建设的深入开展。

浅谈班主任的班级管理艺术

班主任是班级教育管理的主要领导者、组织者,班主任不仅要教书,还要育人。班级教育管理是一项塑造人、改造人的工程。

学习是学生的主要生活内容,教学管理便成了班主任的主要工作内容。青少年思想状况的形成与改变,班主任起着决定性的作用,这就要求班主任管理班级要有科学性与艺术性。下面,笔者就这项工作结合工作实践谈一点粗浅的看法,供同行参考。

一、加强教师自身修养

人民教师肩负培养跨世纪接班人的重任。一方面要教给学生丰富的科学知识,另一方面又要培养学生热爱党、热爱祖国、热爱社会主义的高尚道德品质。一名教师如果只抓成绩,不去育人,就不是个合格的教师,也绝不能管理好班级,所以作为一名德育工作者就要理顺观念,教好书育好人。同时要以身作则,为人师表。

"学为人师,以身作则。"为人师表,直接影响着学生的成长,而学生的意识行为、道德行为主要是靠模仿形成的,班主任是学生模仿的直接对象。因而,教师必须加强自我修养,不断提高自己的学识,完善自己的品格修养,形成自己独特的人格魅力,营造一个良好的精神文明氛围。就是要求教师用自己的言行去感染身边的学生,实践证明榜样的力量是无穷的,它必将推动班级的精神文明建设。

二、塑造学生群体意识

苏联教育学家马卡连柯说过:"有很高的威信和值得敬爱的学校集体,能培养学生的意志,培养学生为自己是光荣集体的成员自豪的精神。"因此,班主任就是要时时刻刻培养学生集体责任感、集体荣誉感,才能使学生在老师的教育下得到健康的成长。要实现这一目的,作为班主任除强化学生的思想教育外,还要倍加诚挚地呵护、关心学生,必会使学生心灵受到极大的震撼。班主任就是要把这种爱转变为学生学习的动力,即使学习差的学生也在人间情感面前受到鞭策、鼓舞,进而升华为进步的回报,这是管理班级的一条有效措施。

三、实施情感教育

作为一名合格的、优秀的人民教师必须懂得热爱与尊重,热爱是实施教育的基础,热爱学生是完成教学目标的保证。教师要学生感受到教师的热切希望、热烈情感,从而使学生愿意接受他的教诲。教师要尊重学生,应充分给予学生自由言论的空间,让学生的个性得以充分发展。这就要求教师要面向全体学生,因材施教。对学生要正确引导,加强思想教育,对每位学生的微弱进步哪怕只是一点点,班主任都要高度重视,在态度上、情感上、行动上予以支持,从而做到爱而不溺、严而不苟,让学生在和谐、井然有序的环境下健康地成长。班主任工作是一门科学,更是一门艺术,只有深入地探讨和研究,才能培养高素质、全面发展的合格学生。"十年树木,百年树人",摆在班主任面前的必将是一项艰巨而又长期的工作,这就需要我们教育工作者探索自己的管理方法,完善育人思路。只有这样,才能管理好班级、才能培养出跨世纪的有用人才。

如何做好班主任工作

班主任工作是一项育人工程,是一件功在当代、利在千秋的大事情。这项工作的好与坏,决定着我们教育事业的兴与衰。作为教育前沿阵地的前锋,一名班主任更要投入改革洪流中去,做跨世纪的育人楷模。下面我就自己的工作实践,谈一下自己的体会。

一、加强自身职业道德修养,做育人楷模

人民教师是人类灵魂的工程师,是教育的园丁。他不仅要传道授业,而且要教书育人。要育人,首先自己要为人师表,必须加强自身的政治素质,以丰富的理论武装人,以先进的思想鼓舞人。对此,我认真领会教育的有关文件精神,积极参加政治学习,强化自己的政治素质。利用业余时间学习马列主义专著并摘录有关语句,坚持始终保持清醒的头脑,站在教育人的前沿。有了理论为依托,工作起来便顺手多了,坚持理论联系实际,通过自己坚持不懈的努力,政治素质有了很大的提高,为全面育人打下了坚实的基础。

二、爱生尊生,为人师表

学生是一个幼稚的个体,完全没有独立能力,在万变的社会中,在校期间他的合法监护人理应是他的老师,这就需要老师肩负起这个责任。把学生当作自己的孩子一样关心呵护他们,从细微入手,从情感入手,做好育人的工作。即,晓之以理,以理服人。教师要通过学生的每一个眼神、每一个举动观察出他们的内心变化,帮助他们心理健康成长。教师不能采取粗暴简单的方

式解决问题,而是灵活、机动、有效地处理问题,杜绝体罚和打骂学生的坏思想,而是要接近学生,走近学生,做他们的良师益友。世上最大的情感莫过于心的震撼,它可以温暖学生的心田。实践中,针对差生我采取了"褒扬法"——表扬他们的优点,激发他们的上进心、求知欲;"家访法"——建立学校、家庭跟踪档案,及时反馈信息、解读信息,从多方面不同的角度沟通孩子与老师之间的情感,使差生的思想有了很大的转变。由厌学的风气转变成爱学的风气,极大地提高了学习质量。一种爱校尊师、刻苦学习的风气在我教的班中蔚然形成。

三、突破传统,多渠道育人

教师仅靠课堂上传统的课本理论说教在新的形势下是不够的,这就要求每位教师打破常规,改变观念,让学生走出课堂,接受潜移默化的思想道德教育,我从以下五方面做了具体工作:

第一,认真开展爱国主义教育活动。充分利用宣传栏、黑板报、专题报道、专题讲座、升国旗仪式、校会、班会等形式,对学生进行爱国主义教育,培养学生热爱社会主义祖国的热情。

第二,认真开展文明礼貌教育活动。以《中学生守则》《中学生日常行为规范》为标准,制定量化管理制度,进行教育管理。同时,学生要在团支部和大队部的组织下,分别开展青年团与红领巾"文明岗位"值勤活动,检查学生的文明行为情况,促使学生文明礼貌的逐步形成。

第三,认真开展学"全国十佳"、争"五爱"(爱祖国、爱学习、守纪律、有礼貌、爱公物)活动。开展这些教育活动,使学生有目标有榜样,努力做"四有"新人。

第四,认真开展读书读报活动,号召学生订阅一些有益的报刊,如《中国中学生》《中学生优秀作文选》《中国青年少年报》等等。并认真组织读报,使学生不仅提高写作能力,而且从中得到思想教育,培养学生的优良道德品质。

第五,不断开展文体活动。文体活动在中小学教育中是十分重要的,这是中小学生颇为感兴趣的一些活动。除上好专业课外,要利用六一、七一、十一、教师节等重大节日开展一些丰富多彩的文体活动。利用学校的现有条件,开展篮球赛、乒乓球赛、象棋比赛、诗歌大赛、演讲会等形式的文体活动,使学生在娱乐中接受思想教育。既培养了学生的特长,又向他们灌输了健康、有益的精神食粮,还可以促进教学工作的开展。只有这样,学校工作才能适应新形势的需求,学校教学工作才能打开新的局面。当然,班主任工作还有其他方法,笔者只不过是提出了一点见解供同行参考,希望能与同行形成共识。

树立学生自信心,激发学生学习兴趣

在世界新科技革命蓬勃兴起、国际竞争日益激烈的今天,社会对人才的渴求比过去任何时候都显得更为迫切,而教育在培养人才中的基础作用显得越来越突出了。党中央不失时机地提出"科教兴国"战略,指出要把教育摆在优先发展的战略地位,然而我们教育工作者应该在实施素质教育的过程中如何更新教学模式,改变旧的教育观念,为现代化建设培养出更多的适应国际竞争需要的高素质的人才呢? 这是每个教育工作者所必须面对,而且必须做出回答的庄重课题。

素质教育的核心是培养学生的实践能力和创新精神,要使学生具备积极探索、勇于创新的精神,首要问题是树立并增强学生的自信心。在长期的应试教育过程中,学生养成了"等""靠"的习惯,缺乏独立思考与解决问题的能力,因此,在素质教育课堂上,往往表现为缺乏自信心,对教师为他们设计的思考问题,不会去想、不敢去想,甚至想到的答案也不敢大胆说出来,这种情况下要开创素质教育的新局面,就必须利用多种方法创造课堂教学的民主气氛,多多鼓励学生发言,并适当针对学生表现出的问题给予学法的指导,引导学生积极去思考,提出自己的观点,即使学生的观点中存在问题,也不要简单粗暴地批评,以免挫伤学生的积极性,毁灭学生的创造天性。针对这种情况应先予以鼓励,然后再指出不足。

另外,要达到启发学生探究与思考的目的还必须设置适宜的问题,创造必要的问题情境,消除那种"高不可攀"的感觉。例如,在讲授法律常识第三课时我提出了这样一个问题:某公司想出高招,要在金水桥和人民英雄纪念碑前各设 10 平方米的广告牌,作为国家公民,你是否赞成这种做法? 这种行为违法吗? 学生在思考第二问的时候往往出现"卡壳"现象,因为对《广告法》的具体内容不了解,在这种情况下,我便引导学生复习第二课中关于我国法律保护文物古迹的有关规定,把学生的思维引到另一角度,这样,学生只需轻轻跳一跳便很快"摘"到了胜利果实。

事实证明,只要坚持长久,学生的自信心会大为增强,从而更充分地发挥学生的主体作用,使学生在快乐和满足中形成良好的思维品质和思维习惯。但要注意的是对某些生理有缺陷和自卑感极强的学生,尤其要给予特殊的关注,这样才能消除他们的自卑乃至抵触情绪。我曾教过一位患口吃病的学生,因为自己的生理缺陷,他从来不举手发言,甚至在思考问题时总觉得自己是"局外人",因而影响了政治课的学习。当我发现这一情况后,就对他给予特殊的关注。例如,课堂上别人口答问题时,我就将要他回答的问题写在纸条上,让他单独笔答,惊讶之余他很感动,渐渐地他的思想感情发生了变化,于是我又不失时机地找一些只需判断是非的问题让他来答,每次都诚恳地给予表扬,于是,他开始积极地参与课堂活动了,久而久之,信心十足,而且学习成绩不断提升,还在不知不觉中改掉了口吃的毛病。

当然,树立学生的自信心只是实施素质教育的一个前提条件,要想真正提高学生的实践能力与创新精神,使学生的自信在学习中不断强化,还需在课堂教学方法上多下功夫,充分激发学生的学习兴趣,把"要我学"转变成"我要学"。为此我不仅注重教学内容的生活化、形象化,而且注重引言的艺术化,这样会在教学的一开始就抓住学生,激起强烈的求知欲。例如,在讲第五课《依法保护人类共有的家园》一课时,我事先写了一篇关于环境问题的文章:"万吨巨轮远航世界之时,人们已经忘却了'哥伦布时代'的辉煌。在社会高速发展的同时,日益增长的人类像蝗虫一样席卷着数千年富积下来的原始森林,洗劫后留下座座流失水土的荒山。人类发展的骄傲在哪里? 人类该如何发展? 同学们,我们该怎么办?"开始学生出于好奇心,聚精会神地听着我的论述。后来同学们的表情开始严肃起来,接着都皱起了眉头,再接下去都争先恐后地举手发言,表达他们的意见,"一石击起千层浪"。此时我又推波助澜地说:同学们的意见都很好,我用一副对联把你们的意见概括一下好吗?于是,我把对联写在黑板的两旁。上联:依照法律保护环境;下联:留予子孙美好空间。横批:从我做起。这副对联不仅代表了同学们的心愿,而且全面揭示了本课的主题,这样一堂保护家园的创新课在同学们热烈的掌声中拉开了帷幕。

　　总之,要想使教学的内容生动形象,不仅仅限于上述的方法,也可利用形象的比喻,也可联系生活中学生熟知的实例,还可运用形象的图示、图表,激发学生的兴趣,使学生更好地理解。

且 / 歌 / 且 / 行

为教篇

◄◄ WEIJIAOPIAN

学校信息化与宣传

科学技术迅速发展,信息技术日新月异,我们已经迎来了"信息化"时代,以信息技术为主的信息化校园迅速普及。校园信息化在学校各个领域广泛渗透,我校开通学校网站、广播站、微信平台,通过网络、广播、电子屏幕、校报,向每一位学生传递校园信息,展示师生风采,弘扬校园正气,不仅活跃了校园生活,还丰富了学生的课余生活。开拓了他们的眼界,极大地丰富了他们的学习方式、生活方式和课余生活。

一、利用信息化教育,加强学生道德文化修养

学生正处于道德发展的关键期,需要老师和家长的引导,生活中、网络上

存在着一些不良信息,学生还没有分辨的能力,所以在利用信息化宣传的同时,也应该加强学生的道德文化修养,利用信息化教育,并与学校的特色文化有机结合起来,培养学生在信息技术应用层面上的能力。要建设校园文化网,大力宣传校园网德,倡导道德自律,扩大正面影响。要及时过滤虚假信息,杜绝非法信息,处理垃圾信息。

当前,我们应该加强青少年学生的上网道德规范教育,引导他们正确认识计算机网络的作用,规范他们的网络行为。应鼓励孩子文明上网,远离暴力内容,同时加强学生信息化应用能力。通过信息技术的应用,让学生真正成为学习的主人,而不是让网络成为学生的主人,加强学生科学的世界观、人生观、价值观和道德观教育,培养他们健全的人格和高尚的道德情操,从而使他们能够自觉地抵制诱惑。

二、开展丰富多彩的校园文体活动

我校十分重视学生课余文体的建设,为此我校成立了音乐社团、足球社团、历史社团、生态社团。每个社团有两名指导老师担任指导,成立社团的目的就是进一步把校园还给学生,给学生充分的锻炼空间。社团不仅是广大学生课外生活和社会参与的重要形式,而且是我校拓展广大学生素质的广阔舞台和繁荣校园文化的重要阵地,还是新时期加强和改进学生思想道德建设的重要平台,在学生综合素质的培养、校园文化氛围的营造、学校独特文化的传承等方面发挥着重要的作用。开展丰富多彩的校园文体活动有利于学生人际交往能力的提高,有利于学生的智力开发,有利于促进学生的身心健康。通过开展丰富多彩的校园文体活动,可以在校园中营造出一种独特而浓厚的文化氛围,可以建立学生的归属感和安全感,培养学生客观认识和完善自我的能力。学生可以从丰富的校园文体活动中完善自己的世界观、人生观和价值观,确定自己的人生目标。活动的开展还为学生提供了感情和心理沟通的场所,使学生在实践中学会了如何协调和处理各方面的人际关系,为步入社会奠定了重要的基础。

三、加强舆论信息建设

学校重视校园舆论文化建设,要做到以正确的舆论引导人。学校生活的点滴都会在微信平台、校报上体现,学生都能够在这些平台上找到自己的身影,以自己为荣,以学校为家,自己的点滴都与学校息息相关,加强爱校教育,培养母校意识。通过设计校旗、校徽,编写校歌,统一校服,提高学校在学生心目中的地位,学生自然生发出强烈的荣誉感、自豪感,从而产生凝聚力,形成学校精神。

学校信息化是学校个性魅力与办学特色的体现,更是学校培养适应时代要求的高素质人才的内在需要,只有建设了符合学校自身特点的信息化校园文化,才能够取得教育的最终胜利。

扎实推进教育创新，
提高教育教学质量

几年来，肇东市第十一中学在"以人为本，和谐发展"的办学思想指导下，构建"适应终身学习，适应未来发展"的人才培养模式，全面实施素质教育，不断提高学校的整体办学水平。学校被确立为黑龙江省示范初中，先后被授予绥化市"文明单位标兵"、省级"绿色学校"、省级"职业道德先进单位"、省级"职工思想政治工作先进集体"、省级"先进家长学校"、省级"文明单位"等多项荣誉称号。

一、以德立校,建设高素质的教师队伍

(一)依法治校,健全各项规章制度

学校实行校长负责制,党支部监督、工会参与民主管理,充分发挥教职员工民主管理学校的职能,实行教代会制度,定期召开教职工大会,讨论并审议学校的各项工作。注重发挥行政会议的作用,使各项决策更趋合理化、科学化。几年来,学校完善了各项规章制度,使各项制度成为一个系统、一个序列,较好地规范了教师的言行,使良好的教风得以不断彰显。在学校管理中,我们始终坚持"以人为本、和谐发展、追求卓越、崇尚一流"的办学理念,强化教职工共同当家做主意识,积极营造民主和谐的工作氛围,充分调动了广大教师的积极性和创造性,提高了工作效率。

(二)加强师德师风建设,提高教师思想道德素质

一是开展宣传教育活动。形成了固定的教师政治学习制度,组织广大教师学习一系列教育法律法规和素质教育理论,引导教师树立热爱学生、尊重学生的观念,建立民主、平等、融洽的师生关系,坚持开展以"教书育人、为人师表、敬业爱生、乐于奉献"为核心的师德教育活动。二是加强教师管理,规范教师行为。制定的《教师"十不准"》《肇东十一中向社会十项承诺》向社会公布,接受社会监督。几年来,我校师德师风建设层层深入,稳步发展,师德

规范逐渐成为广大教职工的自觉行动。"爱岗敬业,教书育人,为人师表",成为广大教职工共同信守的准则;"爱教胜命,爱校胜家,爱生胜子",成为广大教职工共同推崇的品格。

(三)构建研培一体模式,提升教师整体实力

学校采取多种激励政策,鼓励教师进行各种形式的继续教育学习和提高,教师学历达标率100%。每年为教师订教育杂志近百份,要求教师多进阅览室阅读,多上教育网站了解瞬息万变的教改信息。学校每学期选派教师外出参加各类培训、听讲座、听课活动,想方设法为教师创造学习提高的机会,教师整体实力有所提升。我们以学年级、教研组、备课组为单位,组织教师从优化教学人员的思维模式、优化教学结构、优化教学方法和教学手段、优化考试评价制度四个方面,开展教研活动,以备课试讲制、集体备课、挂牌上课、讲座等形式开展活动,每月一次的"教师论坛"使广大教师与时俱进地融入新课改,建立新理念,增长新才干,在完成本学科教学任务的基础上,能指导1~2门选修课或1~2项综合实践活动的教师达到85%以上。

二、以新课改为契机,创建优质的教学品牌

我们采取课题带动战略,融科研于教学中,以课题带教学,开展"新理念、新标准、新课程课堂教学大赛"的教改科研活动,推动教学科研同步发展,齐头并进。为切实抓好教学改革,我校坚持"四课一会两评比"制度。每学年(期)初,由省、地教学能手、教学骨干、教学新秀上立标示范课,全校教师观摩。在立标观摩基础上,中青年教师上学标研讨课,不断改进教学方法,提高教学质量。外出学习人员回校后上汇报展示课,以求共同进步、学有所用。每学期进行一次教改优质课评比,使教改课精益求精。通过立标示范、学标研讨、汇报展示、优质课评比,全体教师课堂教学能力普遍提高。同时,为推动教学改革向深入发展,我们每学期还要举办一次课堂教学、校本培训经验交流会,进行一次优秀教改论文或优秀课堂教学设计及"教改先进个人"评选活动。学校中考成绩步步登高,2013、2014年各科平均分分别列全市第一。

三、以人为本,培养学生的创新精神和实践能力

学校重视发展学生的个性特长,因材施教,制订了培优补差计划,对品行

不端、学有困难的学生,制定帮助和辅导措施,绝不让一个孩子掉队。以"创新"为核心,强化艺术课堂教学的改革,把欣赏教学和技能训练贯穿整个教学过程,将师生的情感融入其中,使欣赏、技能和情感融为一体。把音乐、美术教育作为培养学生动手能力、艺术修养和审美意识的重要课堂,开设了书法、国画、乒乓球、声乐等课外兴趣小组,促使每个学生在"学会学习、学会生活、学会做人、学会发展"的教育氛围中健康成长,综合素质和实践能力明显提高,得到了学生家长及社会的一致认可。几年来,学生在市级以上各科竞赛中有580人次获奖,在全国各级报刊上有60多篇学生习作公开发表,400多名学生在省级、国家级书画、摄影、音乐大赛中获奖。

浅谈课堂分层次教学

随着 21 世纪的迎面走来,教育教学改革不断向纵深发展,素质教育作为当前教育工作的一个中心课题逐渐被人们认识、接受。要使我们的教育从应试教育的误区走出来,首先要改革人才的培养模式,树立为社会主义现代化建设培养多层次、多类型、多规格人才的人才观,树立全面育人、因材施教的育人观,树立全面提高素质、培养合格人才的质量观。那么如何贯彻这种思想,我在教学中做了一点分层教学的小尝试,现介绍给大家。

初中学生具有很强的自尊心和好胜心理。教学中如何激发学生主动学习的积极性、培养学生勇于克服困难的勇气和敢于克服困难的毅力,这就要求教者从学生实际出发,认真分析学生的学习情况。根据学生的特点把学生分成几个层次。教学中尽力适合每个学生学习的"最近发展区",使学生在学习中获得成功与自信。我在教学中根据学生的基础情况、智力情况,把学生分为两类,采取分层递进的策略,实施分层教学。现就一节新课教学谈谈分层教学的实施。

备课中认真研究教材,找出教材中的知识点、能力点。首先,针对低层次的学生搞清哪些知识属于"双基"是学生必须掌握的,这部分知识如何向全体学生传授,使学生能够经过教师的引导、点拨、讲解,理解掌握。然后针对较高层次的学生搞清哪些属于能力点,经过教师的点拨,学生能够学会分析问题、解决问题的方法,培养学生的能力。教师根据教学目标的要求,精选有代表性、有梯度、有层次的例题和习题,根据各层次学生的情况设计好如何指导各层次学生,通过多种途径进行积极主动的演练,使之深入理解知识,掌握技能技巧,发展智力,提高能力。在教学中,根据学生的心理特点,利用课堂上学生注意力能高度集中的10～20分钟集中解决重点知识,主要包括:布置预习,认识重点;讲导结合,学懂重点;分析讨论,突出重点;分层练习,巩固重点;直观启发,体现重点;提问板演,强化重点;归纳总结,掌握重点。

在课堂课下的练习中,根据不同层次学生的特点和教学目标精选习题,一般分三个层次,即:第一层是对书本知识理解记忆性的"双基"内容;第二层是运用学过的知识解决一些具体问题;第三层是对已学知识进一步加深、加宽,尤其注重能力的培养。练的目的大致分为巩固概念、新知识运用、重点知识的理解、难点知识的突破、能力的培养、知识的引申、知识的串联综合运用,这样分层次分目标地精选习题,指导学生去练,可以使各层次的学生在原有的基础上都能够得到提高。再就是在讲课中注意学生学习情况的反馈的层次性。我们承认学生有"个性差异",但教学中必须有的放矢区别对待,这就要求教师必须时刻注意及时发现学生学习中的闪光点。鼓励学生,勇于向更高层次迈进,使不同层次的学生各得其所。反馈学生学习情况的途径有很多,如板演回答问题、作业、学生个人练习。反馈回授的关键在于把握不同层次的学生学习的进程。

分层教学作为一种面向全体学生教学的教学手段,除了我在上边针对一节新课讲授中所谈的分层讲授、分层练习和分层处理反馈信息外,还有一些辅助技巧,如分层落实学习目标、分层辅导、分层作业、分层评价、分层矫正、分层竞赛、分层激励等方法,使教学有声有色,使不同层次的学生在学习中都能完成既定目标,达到段段清,同时又鼓励学生向高一层前进,使教学的双边活动深入每一个角落,处在一种"升层"或"降层"的动态调整中。达到充分发挥学生学习的积极性、主动性和创造性的目的,使学生主动地学习、主动地发展个性特长,使教学质量不断提高。

分层教学增加了我们教师教学的难度,它要求教师教学中的"导"必须有针对性,适应学生的"学",充分发挥学生的主体作用,采取分层教学则使教师的"教"分层递进,适应各层次学生的"学",使"教"与"学"成为一个整体。

以上是我在教学中摸索出的一点教学心得,有不当之处请多加指正。

初中化学教学法初探

在教育体制改革飞速发展的今天,社会对人才的要求已经越来越严格,不但需要具有高水平的知识结构,整体素质与道德修养也是选择人才的重要指标,而随着知识积累的迅速膨胀,学生在校期间的学习已远达不到工作后的实际要求,百分之六七十的知识是在毕业后继续学习、掌握的。这就要求学生在学校时要打下坚实的基础,不但要牢固掌握各种学过的科技知识,更要培养自身的综合能力,全面提高整体素质,以适应新形势下的新要求。随着素质教育、创新教育的纷纷出笼,广大教育工作者试图从各个不同层面做出突破。近几年本人通过探索,总结出与初中化学不同课型相适应的几种方法,现介绍如下:

一、基本概念基本理论课

为了帮助学生架设宏观与微观之间的桥梁,采用以下方法,效果比较显著。

1. 培养兴趣,激发求知欲。兴趣是一种特殊的倾向,是动机产生的重要主观原因。浓厚的学习兴趣,又是求知欲最丰富的源泉,为了引起学生的兴趣,我在上绪言课时,就给学生列举了一些日常生活中显而易见,但又暂时无法解释的现象。如:所谓"鬼火"是怎么出现的? 菜为什么会变质? 用什么物质可以除锈? 为什么食盐水也能导电? 金鱼为什么不能在烧开后的冷水中生存? 等等。这些有趣的化学现象,顿时把这些天真的好奇者引进了变幻无穷的化学天地,激发了他们对这门陌生学科的兴趣,初步形成了他们今后愉快、主动地学习化学的内在动机。

2.强化形象思维,使抽象概念直观化。采用直观教学法,给学生增加一些感性知识,这样有助于学生形成概念、理解概念、巩固概念。例如:我在讲解同素异形现象和同素异形体时,就利用塑料小球组成了金刚石和石墨的分子结构模型以及挂图展示给学生看,使学生心里豁然明白,金刚石和石墨都是由碳元素组成的单质。而物理性质产生这么大的差异的原因就在于构成它的碳原子排列方式不同而已。另外,在讲解抽象概念和理论时,除了教师逻辑地表达外,生动的比喻、风趣的语言强化形象思维,也是直观教学的另一手段。我在讲分子的微粒性和运动性时,就启发学生思考:为什么我们能闻到花的香味?为什么卫生球放久了会慢慢变小?为什么我们能把远远大于篮球体积的气体压到篮球里面去?通过计算,我还告诉学生:如果一个人每秒钟数一个水分子,十亿人同时不停地数下去,两千年才能数完一滴水中的水分子数目。这就把水分子的大小,这一抽象的思维转化成形象的思维,让学生从宏观的感觉中去体会微观粒子的性质,这样一方面能排除学生对抽象概念和理论的厌烦情绪,又能使学生在课堂上形成的暂时记忆转化为永久记忆。

3.讲授概念要正确灵活,防止绝对化。在给初中学生讲授某些概念和理论时一定要把握好分寸,注意要领的阶段性,这也是上好概念理论课的重要措施。比如:我在初中化学中对"燃烧"这一概念的阐述就分了两个阶段:一个阶段是在学习氧气化学性质时谈到,通常指的燃烧具备两个条件,其中一个条件是一定要与氧气接触。第二阶段是学习物质燃烧的条件时谈到。广义指的"燃烧"不一定要有氧气参加,对"燃烧"这一概念做了进一步深化。同样,对氧化还原概念的认识;在初中化学教材中也分了两个阶段:一是从得失氧的角度来认识;二是从化合价升降的观点来分析。进入高中后还要从电子转移这一本质上去掌握。这就要求教师授课时,既要给概念以肯定、明确的含义,又不要把概念讲死。要遵循教学规律,逐步使基本概念和基本理论趋向完善。

二、元素化合物的知识课

元素化合物知识的学习中,学生易出现死记结论,忽视条件的错误倾向,

有时运用知识混乱,所以最好采用如下措施:

1.启迪学生思维,注意能力培养。要联系实际生活中的化学现象,引导学生带着问题展开思维活动,让他们有动脑、动手、动口的机会。例如:讲授碳元素及其物理性质时就采用了以小组为单位看书、讨论,然后再派代表回答问题的教学方法,让学生自己归纳得出结论,提出在出土文物中的许多用墨写的古代字画,为什么虽已年深日久,但至今仍不变色? 为什么人们可以用炭取暖? 为什么工业上炼铁炉中要放入大量焦炭? 等等。问题通过讨论得出:碳的化学性质是常温下不活泼,受日光照射或与空气、水分接触也不易起变化,但高温下,能与许多物质起反应,如可以燃烧、还原等。这样安排一节课,教师讲得精,学生学得活。

2.紧密联系实际,巩固已获得的知识。讲氧气性质时,我们可以结合讲解工业上气焊和气割的原理、液氧炸药的使用等。讲氢气用途时,就结合讲解气象事业上的探空气球,航天工业上新型高能燃料和冶金工业上的还原剂等。这样就使元素化合物知识课的内容显得生动而丰富了。同时也使学生感到学有所用、听得有味、学得透、记得牢。

3.采用分类知识对比和综合知识图表法。有比较才有鉴别,人类认识事物的性质,往往是通过比较的方法而得出结论,在初中化学教材中,有许多有关物质的知识都是按类别出现的。这样对刚学化学的初三学生来说,比较容易掌握。那么,任课教师必须根据教材内容的基本特点,充分利用直观性较强的对比法和图表法来完成教学任务。在授课时,要注意运用启发式,引导学生思维,尊重学生思维,发展学生思维,千万不能用自己理解中的模式去抑制学生思维。要把开启知识宝库的金钥匙交给学生,让他们在知识的天地里自己去寻求清泉和甘露,这样,既有助于学生智能的培养、整体素质的提高,又能使学生更好地掌握分类知识本质上的区别和综合知识的内在联系。

以上两种课型的列举,不能概括初中化学课的全部,例如实验课、习题课也是非常重要的。因此,只要我们重视教学法的研究就能够提高化学教学的质量,就能培养出高素质的有用人才。

初中化学教学中思维能力的培养

思维能力与观察能力、实验能力、自学能力关系极为密切,是诸多种能力的思想和核心。因此,培养思维习惯,提高思维能力,是我们认真研究的一个课题。下面,就如何加强在化学教学中强化学生思维能力的培养,谈一谈自己的观点。

一、由表及里培养思维的深刻性

思维的深刻性具体表现在对问题的思考与理解,对知识内在联系的掌握和应用。如在化学变化中常伴随发光、放热、变色、产生气体、生成沉淀等等。这为认识物质提供了外在材料,使人产生感性认识,但感性认识不能解决本质问题,要判断一种变化是否是化学变化,必须要通过现象看本质。例1:向溴水中通入 SO_2 气体有何现象。例2:向氯水中通入 SO_2 气体时,写出有关反应方程式。学生会由表及里,深入思考分析。通过对 CL_2、Br_2 与 SO_2 性质的类比、联想培养了学生思维的纵向发展,使学生思维的变通性、深刻性得到了锻炼。化学实验是学生形成思维能力的又一个途径。化学实验过程中的思维培养,除密切思维各个层次外,还必须根据化学教学的要求,努力培养、发展学生思维能力素质的四个属性,即"敏捷性""严密性""整体性""创造性"。

二、由此及彼培养思维的逻辑性

逻辑性思维属于抽象思维,如何将化学问题进行数学抽象,利用数学工具,通过计算解决化学问题的能力。例3:根据实验室中测定硫酸铜晶体结晶水含量的实验,填写下列空白:(1)略。(2)某同学实验得到以下数据:加热前质量 W_1(容器)＝5.4克,W_2(容器＋晶体)＝7.9克,加热后质量 W_3(容器＋无水硫酸铜)＝6.8克。请写出结晶水含量($x\%$)的计算公式(用 W_1、W_2、W_3 表示)$x\%$＝＿＿＿＿＿＿,该学生测定结果是偏高还是偏低?＿＿＿＿＿＿。解决本题的关键是必须熟悉操作过程、理解测定原理、懂得误差分析。题目的第二部分,学生必须将化学问题进行数学抽象,根据结晶水含量($x\%$)的计算公式,求出实验值和理论值,从而确定测定结果偏高。所以通过分析与综合,归纳与演绎等方式来提高逻辑思维能力。

三、精益求精培养思维的严密性

化学这门学科已从定性描述发展为定量分析,用教学的观点来准确反映物质的组成、变化及其规律,这是化学科学本身发展特点的必然趋势,也是提高思维水准的需要。例4:将5克物质投入95克水中,使之完全溶解,所得溶液的百分比浓度是多少? A. 一定等于5%。B. 一定大于5%。C. 一定小于5%。D. 可能等于也可能大于或小于5%。

例题分析:解此题时,需要周密细致地分析,不能只注意物质(如 Nacl)只是简单地溶于水的情况(浓度为5%),也不能只注意物质(如 SO_3)溶于水与水反应的情况(浓度大于5%)。同时,还要考虑结晶水合物溶于水时的情况(浓度小于5%),所以根据对不同物质溶于水后,溶液中溶质、溶剂量的不同变化的分析后得出正确答案为 D。

四、触类旁通培养思维的敏捷性

敏捷性反映了一个人的机智和智慧。敏捷绝不是匆忙,更不是轻率,是长期训练的结果,是在深思熟虑基础上出现的闪光点,敏捷性要求迅速阅读,抓突破口,发掘隐潜。例5:下列混合气体点燃时可能发生爆炸的是(　　　):A. O_2 与 CH_4;B. H_2 与 Cl_2;C. O_2 与 CO;D. He 与 O_2;E. N_2 与 H_2。

例题分析:在熟悉了 H_2、O_2 的混合气体点燃可能发生爆炸,并在爆炸原理的基础上解得此题,就能触类旁通,迅速得出 A、B、C 为正确答案,利用信息给予题,迅速抓住突破口,能培养思维的敏捷性。

五、一题多解培养思维的灵活性

多方位多角度地分析问题,一题多解,启发诱导法偏重于思维的广度。由于学生的年龄特点,他们的思维能力具有创新求异的特点,具体表现为好奇、敏锐、敢想、敢创。利用这个特点,他们容易受到思维的训练,有利于培养思维的灵活性。例6:学习制取 $CuSO_4$ 可能方法的化学方程式。

例题分析:根据初中化学中各物质之间的相互联系和有关反应规律,从 $CuSO_4$ 的组成分析,逆向推出反应物的组成,如:用盐与盐反应时,一种盐中含 Cu,另一种盐中应含 SO_4;用酸与碱反应时,碱应为 $Cu(OH)_2$,酸应为 H_2SO_4;用酸与盐反应,酸应为 H_2SO_4,盐一定为含 Cu 的不溶性盐等。这样解析,可以很好地提高逆向思维能力,克服顺向思维定式。一题多解,重在多向训练思维。

六、多样主观能动性培养思维的创造性

思维的创造性是思维能力的最高表现。在数学中适时地介绍许多有关科学家创造性思维的事例,鼓励学生独立思考,深思熟虑,熟中有恒,基于现实,超越现实。训练思维的创造性是要求在有限的时间内综合自己学过的知识解决从未遇到过的问题。或者完成某种新颖的回答方式,以往教学中"包办代替",单纯地"统一教学""满堂灌"以及"填鸭式"教学,不能充分发挥学生的主观能动性,无助于创造思维的培养。

所以,只有将学生的认知结构与中学思维能力要求的五个层次以及思维能力素质的几个属性等结合在一起,综合效果将会是最佳的。

浅谈化学教学中的素质教育

为全面提高国民素质,面向未来迎接 21 世纪挑战的需要,实现由"应试教育"向"素质教育"的转轨,是我国当前基础教育领域的一场深刻变革。化学是一门基础教育学科,如何实现由"应试教育"向"素质教育"的转变,进而提高学生的整体素质,下面谈谈本人的几点看法。

一、更新观念,转变思想

搞好素质教育,提高国民的整体素质是摆在我们广大教育工作者面前的一项极为迫切的重要任务,虽然应试教育在理论上被否定,但实际教育工作中应试教育依然发挥着强大的作用。如果我们仍然把考试分数作为评价教育素质的唯一标准,那么就会出现考什么教什么、考什么学什么的片面教育,国民素质的提高会受到影响,因此,我们教育工作者应树立正确的教育质量观和人才观,从提高学生的思想品德、科学文化、身体心理、劳动技能出发,彻底改变片面地追求升学率的思想,充分运用化学学科的特点及优势,在化学教育中进行素质教育,培养出适合社会潮流的高素质人才。

二、提高学生的思想品德素质

化学教育中只注重科学文化素质教育是不够的,还应注重其他素质的培养教育。因此,广大化学教师要抓住化学与社会、化学与生活紧密相关的特点,在传授化学基础知识、基本技能的同时,充分利用化学知识的价值,对学生进行思想品德教育。如在讲授古文课时,介绍我国是世界上文明发达最早的国家之一,有着悠久的历史和灿烂的文化,对人类做出过巨大的贡献。我国古代的四大发明中的造纸、火药,商代就会制造青铜器,春秋时期冶铁,战国时期炼钢、煤和石油。现代在世界上首先人工合成具有生命的结晶胰岛素和酵母丙氨酸转移核糖核酸。建国后,水泥煤炭、钢产量和高科技技术的飞速发展,制碱的先驱者侯德榜名字誉满世界,……把这些知识和化学知识有机地结合起来,这样会给学生增强民族自尊心、自信心和自豪感。激发学生对祖国的热爱和为中华之崛起而拼搏的雄心壮志,使化学教育中渗透了爱国主义教育。

化学是研究物质的组成、结构、性质以及变化规律的基础自然科学。化学概念的本身就具有丰富的唯物主义和辩证法。化学运动中对立统一规律、量变与质变规律、否定之否定规律以及内因与外因、现象与本质、宏观与微观等教材中都有丰富的例子。教师应努力挖掘教材中的辩证唯物主义观点,把辩证唯物主义认识论和方法论的教育,渗透于教学的始终,在认识事物的过程中形成正确的认识论及观点,让学生在获得科学知识的同时接受辩证法教育,这样不但他们的思维得到了开发,同时也有利于他们对化学基础概念和基本理论的掌握和应用,最终达到了在学习化学知识的同时对学生加强辩证唯物主义教育。

三、加强学生的环保意识教育

21 世纪的人才要求学会关心他人、关心社会、关心国家利益、关心地球生存条件、关心生态平衡,但随着工业的发展,人口的增加,地球环境污染日益恶化,非常严重,因此必须保护地球环境。树立环境意识,进行环保教育,化学课本中环保教育很多,如:讲酸性氧化物时讲酸雨的形成、怎样防治;讲 CO_2时讲温室效应、臭氧层的被破坏等。要结合具体例子讲它们是怎样对环境、对人类造成的巨大危害以及怎样运用化学知识治理污染,使学生认识到环保问题与化学知识关系密切,从而增强了学生的环保意识以及学习化学知识的自觉性和积极性。如讲实验时,除了教学生掌握操作方法外还应挖掘使用药品用量。比如做一氧化碳还原氧化铜的实验时,教会学生从环保的角度考虑问题,对尾气处理的方法。启发学生积极思维,处理好有毒有害的物质,做完实验后应把废液倒入废液缸中,不要随便乱扔,培养学生的良好环保习惯,为提高国民素质打好基础。所以在化学教育中应加强对学生进行环保意识教育。

四、重视基础教育,加强能力的培养

以往我们执教者总是注意知识的教育,而忽视能力的培养,造成大多数同学高分低能,而素质教育是让学生个性发展,培养特长,使学生具有一定的能力,全面发展。因此,化学教育中要进行素质教育就是培养学生的各种能力,特别是培养学生的思维能力,因为思维是能力的核心部分,思维包括由微观到宏观、由抽象到具体、由现象到本质。教学过程中,我们应花很大力气去钻研教材,学习大纲,能对各年级教学心中有数,居高临下地去认真分析学生的实际情况,在考虑教法的同时,也要研究学法,做到既传授了知识,又培养了学生的一定能力。在课堂上,教师应尽量少说,多让学生看书,去思考,启发学生的思维能力;在上习题课时,不要光自己去说,把自己的思路强加给学生,对于书上的习题可以不讲,多编些问答、分析推断和综合题。通过概念异同的比较和一题多解,培养学生分析、解决综合问题的能力和主动思维的能力。

另外,在教育中应注意培养学生的自学能力,因为自学是学生获得知识的主要途径,特别在当今这个信息社会里,自学能力是现代人必备的素质之一,是"学会生存"的重要部分,如果"不会学",走出校门后就会变成社会的废人。因此,教师应通过提出问题,引导学生自己阅读教材,归纳知识及知识点之间的相互联系,来培养学生的自学能力。

化学实验是培养学生实验及操作能力的关键。化学实验中应注意培养学生的观察能力、规范操作能力和实验设计能力,在初中化学中,实验主要是教师演示,而学生往往只注意看热闹,出现了观察的不明确,分不清现象和本质,所以在上演示实验课时,应事先讲好观察的重点,在演示每一步都应提醒学生观察,告诉他们观察什么,教给学生观察方法,启发学生养成良好的观察能力。在实验中应严格要求自己,培养学生严肃认真的态度。

化学教学中的素质教育是化学教学中的重要组成部分,作为化学教育工作者,应该在教学中不断地探索,积极投入由"应试教育"向"素质教育"的转轨工作中,把学生培养成祖国需要的合格人才。

化学教师如何适应
新形势下的素质教育

　　素质教育就是根据社会发展和人的发展实际需要,以培养多方面、多层次的人才目标,以全面提高学生素质,培养能力,发展个性为目的按照教育教学规律进行的基础教育,是德、智、体、美、劳五育的完美结合。同时素质教育又是与应试教育相对的,应试教育多采用注入式教学模式,即教师填鸭式地"灌",学生被动地"受",不利于知识的体系、智能的形成和发展,同时应试教育重知识、轻能力,重智育、轻德育,重升学学科、轻毕业学科,重个体英才教育、轻整体全面发展,重升学率、轻合格率和巩固率,尤其是轻主体就业与社会成才率,这些做法严重违背教育、教学规律,扭曲了基础教育的性质和任务,制约了基础教育的全面发展。而素质教育采用启发式引导,学生灵活主动学,充分发挥了教师的主导作用、学生的主体作用,有利于"双基"教学。同时素质教育研究每个学生的身心特点,用符合教育规律和学生身心发展规律的办法,对他们进行教育和引导,全面提高学生的思想品德、科学文化、身体心理、劳动技术素质,使他们健康成长。因此说,传统的应试教育向现代化的素质教育转变是发展的必然。

　　今天,现代化国家的实现依赖于现代化的教育。我国的社会主义现代化建设使我国教育价值的取向由应试教育转变为素质教育,而实施素质教育的关键在教师,那么如何加强教师的素质修养,提高实施素质教育的能力,使化学教师尽快地成为一名合格称职的人民教师,应是其深思和探讨的问题。

一、教师一定要加强自身的基本功训练

语言是教师工作的最主要工具。语言表达是教师的基本功,教师语言包括听得见的课堂语言和看得见的板书语言,教师的课堂语言应具有亲切感,应有轻松的友好的愉快的情调和发自肺腑的深情厚谊,有关心爱护和平易近人的态度。很难想象,一个不热爱教育事业的教师,怎能给学生亲切的感觉和印象,怎能激起师生互相亲近的意愿,又怎能激起学生学习的积极性和动力,作为教师其语言本身就应具有启发性,如果教师对学生了解不够,语言节奏快,随意性大,往往会觉得学生启而不发。相反,如果教师语言生动、活泼,富有感染力,启发性很强,其教学效果会远远好于前者。总之,我们教师在授课时应学会循序渐进,语言流畅,形象、准确、精练,具有节奏感和吸引力。

化学是一门以实验为基础的学科,利用化学实验启发学生思维是化学教学的特色,也是最有效的手段,这是因为实验具有形象、直观的特点,它能吸引学生的注意力,能培养学生的观察能力、思维能力和语言表达能力。因此熟练掌握动手操作能力是教师的基本功,平时教学中要注意这个基本功的训练,力求做到:

1. 课前应做充分准备,确保实验成功。教学中教师进行演示实验时才发现缺少某些实验器材,有的实验现象不明显,更严重的是实验以失败而告终。这些都会造成学生失去实验兴趣,失去对老师的信任,从而影响整个课程的学习。因此,课前必须做好充分准备确保顺利成功。

2. 教师的操作必须规范、熟练。因为演示实验是给学生起示范作用,因此教师必须有熟练的动手操作能力,我们每位教师必须从严要求自己,养成良好的习惯,苦练基本功。

3. 实验中应体现学生的主体作用。教师在实验过程中除了准确、规范的操作外,更重要的是教会学生如何从观察实验中总结归纳出实验结论。另外,应尽量创造条件让学生亲自动手操作实验,这样会大大增加学生获得知识的真实感。

二、教师必须努力提高自己的组织教学能力和灵活的课堂应变能力

要顺利有效地实施课堂教学,首先应吃透教材,抓住大纲的指导思想,这

样才能恰当地安排教材组织教学,使教学具有针对性。坚持做到处理教材适度,完成教学有方。教师在确定教学方案时,应时刻考虑到我们实施教育对象的实际情况,应备教备学,详略得当,对学生易接受的知识做到少讲、精讲,对疑难问题要详讲、讲清,使学生充分理解。教师的工作特点是功夫下在课外,效果出在课堂,因此组织好课堂教学和学生的各项活动是完成教学关键所在。其次,教师在课堂设计上要注意学生能力的培养,启发学生去探讨,逐渐掌握获得新知识的方法,设计教学方案必须符合学生的心理特点和接受能力。教师在组织教学过程中应始终有驾驭教材和学生的能力,做到课堂活而不乱。

在实施上述教学过程中,学生思维要活跃,课堂气氛要热烈,此时学生可能会提出教师事先没有纳入教学程序的各种问题,这就要求教师有较强的应变能力,不要因为怕驾驭不了课堂,就垄断课堂,时间长了便会形成满堂灌的教学方法,适应不了当前教育教学改革的需要。因此,我们要不断提高自己的组织管理能力和灵活应变能力,尽可能调动起学生学习的积极性和主观能动性。

几年来的教学实践,使我深深地体会到教学是一门融教育学、心理学为一体的真正艺术,如果每一节在符合教学规律的前提下,都用一种完美艺术的标准精心设计、精心实施,那么对于教与学来说都是一种享受。

教师应积极参加教研活动,逐渐提高自己的教研能力,坚持参与开展教学教研是完善教材素质的重要方面,在教学实践和教研活动中,我们教师可以吸取古今中外成功的教育经验和成功的教学案例,从而使自身的素质不断提高。认真学习,善于总结。

教师不仅要认真学习大纲,钻研教材,而且还要学习教研教学理论,用教育理论指导自己的教学实践,同时在自己的教学实践中,不断总结经验,小到解题方法、实验改进,大到探索新的教学方法和教学规律等,每一次总结,都能有一定的收获,都能使自己的教学能力获得一次升华。我的体会是,通过每一次论文撰写,都能使自己的理论水平和教学实践能力又推进一步。积极参与,不断提高。每年上级有关部门都以各种形式开展一些教学研究活动,我们教师应珍惜每一次学习和提高的机会。

几年来,我参加了一些实验操作比赛,参加了省、地、市优秀论文的评比,在参与过程中得到的收获是教学中很难得到的。除了教学得到收获外,也学习到其他教师一丝不苟、精益求精的敬业精神,使我们的心理素质和意志得到很好的锻炼。

教育是面向未来的事业,当新世纪的晨钟即将敲响的时候,让我们携起手来,加强合作,不断提高自身的素质,为构建 21 世纪的教育,培养 21 世纪的建设者和接班人,为丰富和发展祖国的教育工程,做出应有的贡献。

实施素质教育"低起点、多层次、高要求"教学模式的粗浅尝试

素质教育是三个面向的需要,即:教改的需要;人类认识规律的需要;学生学习心理的需要。素质教育的举措,充满挑战和机遇。课堂是素质教育的主战场、主阵地、主渠道。教改义不容辞,知难而进。瞄准目标,立足现实,只有观念新、认识高、重参与、建模式、勤实践、勇探索,才能更好地实施素质教育"低起点、多层次、高要求"教学模式,这种教学模式切实可行,速度快,见效高。它的特点是:1. 使全体学生都能起跑,在掌声、歌声、欢呼声、喝彩声中,争先恐后地到达终点。2. 让每个含苞待放的花蕾,都能得到明媚阳光、适宜温度,次第开放,百花争艳,万紫千红。

现从以下几个方面谈一谈我的观点。

一、"低起点、多层次、高要求",有利于认识目标的完成

教学过程中,适当放低起点。用小常识、小百科、小科普等,通俗、易懂,放低新知识起点,牵动无意注意向有意注意过渡。启动中差生的思维。从实践到理论,使全体学生有兴趣有欲望索取知识。对于不同层次学生的起点、重点,知识点的传授上,力求坡度小、密度大、层层递进。精选、精讲、精练,练中求变,循序渐进,水到渠成。加大课堂容量,讲透练实,经常点拨中差生的质疑。在情感上多给予鼓励赞美,增强自信、自强、自制、自求,跟得上钻进去不掉队。在思维上环环紧逼,步步紧追,变化刺激,激发兴奋点,在此高要求,

在思维上形成飞跃，把易混、易错的知识抛出，激化矛盾，从而总结知识分界点、临界点，学活学精，由苦变乐，由等变求，由静变动。顺利达到识记、了解、理解、掌握的目的。

二、"低起点、多层次、高要求"，保证能力目标的实施

根据学生层次确定好整体目标和个性化目标。统计好具体的措施和方法，在教学内容传授讲清学懂的时候，抓住时机，因材施教，因势利导，将知识进行延伸与扩展，较全面彻底地理解知识，掌握知识的发生、发展、变化的内在规律，采用多种教学方法和教学手段，加大力度。为中差生多铺路，多架桥，加高筑平，强化发散、辐射的训练，由中档题渗透拔高题，在不知不觉中思维能力提高了，分析的问题和解决的问题不断扩展，进而迸发出潜力，注重消除中差生的心理障碍。例如：实验型题，中差生能独立操作，优生则创造性设计实验，并给予表扬，这种创造精神，让他不断感染中差生，使中差生变得干柴易燃，使中差生也有求新、求异、求实的欲望，主动自探、自奋、自决的良好氛围，调动全体学生的主动性和积极性，主讲变导，由牵变跳，由平面形变为立体形，由点到面。全体学生没有一人落伍，这样长期下去，起点变高，低则不低，优则更优；能够各尽其能、各有所得，既吃得饱，又吃得好，全面提高学生的素质，圆满完成各项目标。

多媒体教学在素质
教育中的初步尝试

由应试教育转向素质教育,是我国当前基础教育改革的主旋律,也是我们面向21世纪的宏观战略。作为学校教育的基本形式——课堂教学,担负着如何落实素质教育的责任,课堂教学改革的根本任务首先应该是教学模式上的改革。多媒体教学是一种新型的现代化的教学方式。它以计算机为媒体,把教学内容、教学方法、计算机技术融为一体,通过观察、讲授、人机交互作用来完成教学任务。它的兴起标志着教学领域的又一次革命。我们学校为了实现未来的需要,现已建成了拥有60台486彩显微机和2台586教学机的微机室,购置了各学科的教学软件。我们根据古代教育家孔子的"因材施教"和苏联教育家巴班斯基的"分组教学"理论,结合我校学生实际与生物教学的现状制定了"分层教学,分类指导,全面提高"的教学模式。多媒体在分层教学中的运用,丰富了生物教学内容,提高了教学效果。下面就谈谈自己的初步做法。

一、有效地利用微机室,分层制定教学目标

微机室的布置呈MM形,横在前面的是两台教学机、幻灯、使用仪器等。其他60台微机平分为四排,两侧的便于老师巡回指导,我安排A组学生(即中下等生)坐,中间两排安排B组学生(中上等生)坐。每排为同一层次,便于老师进行"分类指导"。分层教学根据学生的组类制定教学目标。在制定教

学目标的同时既要重视教学中的统一标准,突出教学的一致性,以保证学生打好坚实的素质基础,又要注意学生的个性差异,突出教学目标的层次性,做到"划一性"与"层次性"两者相辅相成、相得益彰。如《花的结构》一节根据学生的类别制定了如下教学目标:

A组:掌握花的基本结构,认识到花的主要部分是花蕊,学会利用放大镜观察花的内部结构。

B组:掌握花的基本结构,学会解剖和观察花的基本结构的方法。

A组培养学生的观察能力,B组培养学生的实验能力。

我们在制定教学目标时,做到保"底"而不封"顶",保证每名学生的求知欲得到满足。教学目标制定后,课前向学生公布,可增强学生在学习过程中的注意力,便于学生自学、自测,提高课堂效率。"分层教学"面向中等生,照顾后进生,提高优等生,使不同层次的学生各得其所。

二、根据教材利用多媒体,实施分层教学

多媒体教学,深受学生的欢迎。学生都喜欢看电视,一台彩显计算机就像一台彩电一样,能牢牢地吸引起学生。这种多媒体教学软件图文并茂,运用这种软件的动画效果进行教学形象、直观,不但激发了学生学习的积极性,而且也有利于启发学生的思维。学生一边观察彩色图画,一边听文字解说,真是一种美的享受。学生就在这种美的意境中学会了知识,理解和掌握了应学会的问题。利用这种多媒体教学软件讲授新课,语言简练,音色圆润、浑厚动听,这样的语言不但能感染学生,而且还有助于学生表达能力和朗读能力的提高,还可以减少课堂上一些不必要的重复。重点内容都可引导学生仔细观察图画,直观形象的内容比抽象的内容好记忆。教师要根据教材内容设计图画与文字卡片,幻灯与课件穿插进行,增强课堂教学的层次性,同时也有助于教师突出重点、突破难点。教师要根据每一节课的内容设计思考题。教学过程中教师要采用不同的教学方法启发学生边观察、边思考,然后再按层次指名回答。如以《裸子植物》一节为例,引论部分利用幻灯把藻类植物、苔藓植物、蕨类植物和种子植物的彩色图画与实物显示到每一台微机的屏幕上,教师边讲述边提问,让A组学生回答:什么是孢子植物? 什么是种子植物?

通过指导学生观察松球果和裸露的种子,启发 B 组这学生回答:松树是裸子植物还是被子植物?什么是裸子植物?再观察苹果树的果实和种子,提问 B 组学生:苹果具有种子,它是什么植物?苹果的种子的外面有厚厚的果皮包被着,那么苹果树是什么植物呢?新课的讲授部分共 12 屏,1～5 屏利用课件讲述松的形态、结构特点。每一屏教师提出的简单内容由 A 组回答,具有总结性的问题教师启发 B 组学生回答。如:区别各种松树的主要依据是什么?为什么说"松柏常青"?(提问 A 组学生)松树为什么能够生长在干旱和土质较差的地方?此题综合性强,启发 B 组学生回答。6～9 屏利用幻灯讲述松树的生殖特点。老师一边引导学生观察屏幕上的图画与实物,一边讲述松的生殖特点。边讲边提问,如:松球花包括雌球花和雄球花,它们各长在新枝的什么部位?松球果是果实吗?松树的受精方式为单受精,那么松是绿色开花植物吗?其他裸子植物是绿色开花植物吗?每观察一屏都要根据内容设计思考对不同层次的学生进行提问。10～12 屏使用课件介绍其他裸子植物及其经济意义。老师先提出问题:(1)常见的裸子植物有哪些?(2)列为一级保护植物的裸子植物是哪三种?(3)为什么我国素有"裸子植物故乡"的美称?(4)裸子植物有哪些经济意义?让学生带着问题有目的地观察屏幕上的一幅幅彩图。老师根据每一屏幕上内容指名提问不同层次的学生回答。小结部分是总结裸子植物的主要特征。我先引导 B 组学生总结,然后再看屏幕上的总结。可适当地多看一会儿,加深理解和记忆。优生要求在理解的基础上掌握。老师指名背裸子植物的主要特征。老师引导学生总结本节所讲的主要内容,然后利用幻灯展示本节课主要内容的文字卡片。老师在总结松的风格的基础上教育学生如何做人。寓思想品德教育于生物课教学之中,教师不但教学生怎样学习,还要教学生如何做人。

三、根据学生能力设计分层练习题

根据学生能力设计 A、B 两组题,A 组题是基础题,要求全部学生都做,B 组题是稍有一点难度的题,要求 B 组学生做,A 组学生努努力也可以做,教师要积极鼓励低层学生求知的积极性,改变了传统教学中的"差生吃不了,优生吃不饱"的现象。使用这种练习题软件,实现了人机交互、逻辑判断等功能。

增大了训练的密度,扩大了课堂的容量,加快了信息的反馈,促进了学生智力的发展,提高了课堂教学的效果。最后,我安排的是植物欣赏,先欣赏几种名贵的裸子植物,再欣赏一些鲜艳的花卉。这样既起到了承上启下的作用,又达到了赏心悦目、流连忘返的目的。这是其他教学手段无法比拟的。

这节课,通过多媒体教学,使各层次的学生对本节课的内容有了较深的理解,更主要的是不同层次的学生的看、听、说能力都得到了训练。这种教学方法既能充分调动全体学生的学习积极性,又可以充分发挥学生的非智力因素。现代心理科学研究重大成就表明,一个人有着巨大的潜能,而多数研究者估计这种潜能开发还不到10%,有的甚至认为还不足3%,学生的多层次,只是他们潜能开发暂时不同的反映。"分层教学"本质上是一个尽可能创设各种有利条件,排除不利因素,分层次地去开发学生的潜能,提高学生素质的一种教学模式。这段时间利用多媒体进行"分层教学",使全班学生都能学有所得,从而达到了"全面提高"的教学目的。

启思质疑，务实求精

——思想政治课素质教育课堂教学初探

随着中国特色社会主义伟大事业的发展，世界新科技在不断联网，信息高速公路的出现，在这样一个新的时代环境里，学生必须学会生存。要想生存就必须学会学习，未来的文盲，不是不识字的人，而是不会学习的人、不懂新的科学技术的人。让学生学会学习，不当学盲，是教育教学的根本任务。当学习成为第一需要、知识成为第一生命、思考成为人生最大快乐的时候，他们就具备了抗挫折，耐劳作，不屈不挠的生存意志和资本。而素质教育就是要教给学生未来生存必须具备的基础知识和做人的简单道理。

课堂教学是实施素质教育的基本组织形式。综合应试教育的课堂集中表现的弊端：重"知"不重"思"的浅层性。应试教育的目标是让学生把要考的"知识"记住，尽管吃了很多苦，但学生在思维方面的锻炼不够，所谓"高分低能"，往往是只重视高分数，不重视能力的培养。政治课的素质教育，课堂教学必须突出"学"字，从让学生"学会"转到"会学"上来，从让学生答转到"学问"上来，一切从训练学生的思维训练"行成于思"出发，要把教学活动变成全体学生的"思维体操"，把大部分课都上成思维训练课，而且这种训练还应是高强度的。思想政治素质教育的课堂，应是"启思质疑，务实求精"的课堂。

在政治课素质教学中的"启思"是指在教师的启发、引导下，逐步加深理解和全面掌握。例如：在讲"社会主义精神文明和资本主义精神文明"这个问题时，我启发、引导学生用不同社会制度分析的观点、发展的观点、实事求是的观点来剖析,掌握教材的内容,又帮助学生树立正确的观点。在这基础上我又通过课堂讨论,启发引导学生将两者加以比较,这样既有利于学生理解和掌握教材的有关内容,又运用比较科学的教学方法,提高了学生的思想认识,从而得出正确的结论:社会主义精神文明是人类社会精神文明发展的新的更高阶段,是社会主义的重要特征,从而批驳了资本主义的文明。

我们知道,任何"思"都要从"疑"开始,并靠"疑"推动,"学贵有疑","小疑则大进","不疑则不进"。在政治课教学中的"质疑",通俗地说就是在教学过程中提出疑问,把问题交给学生独立思考,把已知的知识运用好,循序渐进地了解知识,由易到难去掌握知识,因此,能充分调动学生的学习积极性。学生掌握了学习的主动权,变被动地掌握知识为主动探讨而获取新知识。例如,我在讲《我国正处在社会主义初级阶段》一课时,讲到改革,提出:根据我国的实际国情不改革行不行? 改革的目的是什么? 在讲《加强党的领导》一课时,提出:为什么加强党的领导是社会主义现代化的正确保证? 面对学生的疑惑,引导学生结合教材调动一切积极因素认真思考,用正确的立场、观点看待和分析这些问题,这样学生在学习时没有难学之感,在质疑解惑中较好地把握知识。

在思想政治课教学中的"务实",一是指要联系学生的思想实际,不能没有目的地讲解;二是必须注意教学实效,脚踏实地、有的放矢地教学。由于每个学生都受到不同遗传因素、家庭因素及社会环境的影响,这必然使个人的发展存在着不同的客观差异,心理学称之为"个性差异"。他们在自学和思考的过程中,必然在认识上有差异,对社会现实问题的看法上会有区别,这些认识和看法有正确的、错误的、全面的、片面的,但都应让学生大胆说出他的想法,针对这种情况,在思想政治课的教学过程中,采取分层教学,分类指导,按一定的标准,客观地把学生分成低、中、高,即 A、B、C 三级,并进行异质编组,划块排好座,使每组均有低、中、高三个层次的学生。课堂教学根据课程标准,科学地制定分层学习的目标和对应的分层练习题,使目标与练习置于各种层次学生的最近发展区。使各类学生产生接受效应、共振效应,使各类学生的素质达到分层发展的目的。

采取分层教学、分类指导是教学务实的集中表现,能使教师的"教"适应各个层次学生的"学",促使"教"与"学"互应,充分发挥了教师的主导作用。

政治课教学中的"求精",就是要求教师做到精讲,不是少讲。"精讲"是指教师在教学中,注意师生双向活动,且从学生的实际出发,突出教材的重点,用简练的语言,准确地揭示教学内容的本质特征和知识间的内在联系,教给学生认识规律和解决问题的方法。

在思想政治课教学中,一是精讲教学重点,即用少而精的语言讲教学重点。精讲教学重点,具体是指:布置预习,思考重点;引导分析,学会重点;组织讲评,突出重点;选择练习,紧扣重点;标出设计,标出重点;课堂提问、做好小结,归纳重点。

通过精讲,帮助学生解惑答疑,突出教材的重点,详略得当,有针对性地讲解,能较好地突出难点,化难为易,使学生有茅塞顿开之感。通过运用多种教学手段,使政治课的思想性和科学性较好地结合起来,充分发挥教师的主导作用,而精讲还要通过精练来深化。精练,即根据教学目标,选择少而精,具有层次的例题和习题,指导学生有目的地练。例如:引入新课的练、巩固概念的练、运用新知识的练、强化重点的练、突破难点的练,在练习中要分层练,使各个层次的学生在原有基础上都得到提高,并力争做到当堂巩固。

总之,我在教学实践中,为提高学生的自身素质,针对教材的特点,结合多种教学方法,如图表法、比较法、讨论法、系统归类法等不同教学方法,但最主要的是在"启思质疑,务实求精"上下功夫,我认为此种方法是提高学生自身素质,提高教学质量的较好方法。

注重因材施教，面向全体学生

现代教学的实施是以班级为单位的,而班级教学中存在的普遍现象是学生学习的差异,特别是九年义务教育的实施,小学毕业全部升入初中,初中生学习的差异更加扩大。从教师方面看,有相当一部分教师只按中等生的知识掌握情况进行教学,只考虑大纲的基本要求。在教学目标的要求,教学方法的引用,教学手段的采用,课堂教学时问题的难度、练习、作业等各方面对学生一系列的要求,均对优生和差生兼顾较少。这样不能充分挖掘优等生的潜能,妨碍了优生能力的进一步发展,使尖子生不尖,而差生对所学知识又不能很好掌握,学习兴趣不浓,丧失了进一步学习的信心,以致讨厌学习,这样就造成了优生吃不饱、差生又消化不良的局面,对教学大纲中规定的要"面向全体学生"的要求根本就不能落实到位。

教学"要面向全体学生",就是要对每一个学生负责,在从大多数学生实际情况出发进行教学的同时,兼顾学有余力和学习有困难的学生,使尽可能多的学生都最大限度地掌握所学知识。因此,教师在教学中要根据学生的实际情况,把知识、能力、技能等方面都不同程度地在不同学生身上加以施教,也就是有区别有针对性地进行教学,所以要解决当前教学中不能真正面向全体学生这一问题,就必须在教学中有效地加强因材施教。

一、教学目标的确立要多层次

教学目标是完成教学任务的基本要求,它是教学的出发点。教材内容的设置对不同的学生有不同的学习目标要求,如教科书的基础知识、练习题。A组题是要求全体学生都会的内容,而 B 组题的"读一读""想一想""做一做"和家庭小实验等则是为学有余力的学生设置的,是属于基本要求之上的较高要求。教材的设置对我们制定每节课的目标要求,就不能在同一水平线上。

恰到好处的教学目标,应该是兼顾全体学生,以素质教育为标准。既要体现大纲和教材对全体学生的"一般要求",又要体现不同学生的不同要求,变全班统一的教学目标为不同层次的教学目标来指挥课堂教学,这样既有利于教师调控教学过程,把握教学方向,也有助于学生自我激励和自我评价,同时也有利于把因材施教落到实处。

二、课堂教学要多层次

课堂教学过程应该适应每个学生,这就要根据教学目标多层次的要求进行因材施教,课本让学生看,思路让学生想,疑难让学生议,规律让学生找,错误让学生析,使学生养成自学和独立思考问题的学习习惯。确保学生的主体地位,这样学生能用适合自己的速度去学习,因人分层施教,这样学生在学习过程中就能尽力发展自己。

对教师的要求是:整体把握,分层推进,把学生的学习活动始终置于教师的宏观调控之下。教师在教学中引导学生积极主动地学习,让全体学生充分参与新知识的学习过程,使学生的思维经历知识的提出、形成、发展、探索和结论的得出的过程,通过参与学习来培养学生的创新意识和创造能力。由于学生学习水平的差异,必然出现各层次学生参与程度、学习收效、所遇学习障碍不同的现象,教师要抓住时机,及时询问各类学生对所学内容的认知情况,及时了解各类学生学习时所遇疑难问题,获取有利的反馈信息,并以此为依据因势利导,分层施教。

分层施教的原则是面向中等生,兼顾优差生。对于优等生,教师要把他们放在"充分发展"的基点上,他们的悟性较好,解决问题的能力较强,因此在学生独立活动时,教师要多提一些思维难度大的问题让他们去攻克,必要时教师加以点拨。课堂上要让他们回答较难的问题,因为这样才能提高他们自身的水平。此外,还要用激励原则,给优生表现自己的机会。在自学、议论、练习过程中,让优生辅导、帮助差生,使他们在帮助差生中提高自己,弥补教师辅导之不足,同时体味帮助别人自己获得的快乐,激励他们更加向上。

对于差生,教师在课堂上要予以关心,鼓励他们主动学习,对学习新知识必须用到而他们还尚欠缺的旧知识,教师要给予必要的提示及补习,对于他们在学习中遇到的困难,教师要及时给予指导,诱导他们联想思考,领悟其中的思路方法。差生最明显的特点是做题慢,接受能力差,因此教师在设计练习时一定要由易到难放缓坡度。练习时,教师要特别注意差生对基础知识题所遇到的困难,剖析原因,在审题、挖掘隐含条件、分析题目中的各种关系寻找答题思路等方面,都要对他们有所侧重和倾斜,帮助他们首先学会基础知识,再逐步赶上来。

　　总之,我们要在教学的各个环节有效地加强因材施教,把面向全体学生的教学要求真正落到实处,使全体学生都能充分地得到发展,这样才能大面积提高教学质量,才能有效地推进素质教育的实施。

浅谈劳动教育与素质教育的关系

实现我国社会主义教育目的,必须对受教育者实施全面发展的教育,即素质教育,我国当前全面发展教育的组成部分应该是德育、智育、体育、美育和劳动教育。

众所周知,现在无论家长还是教师,都把目标集中在培养孩子德育、智育、体育、美育上,忽视了劳动教育,这种做法是错误的。

当今的中小学生被誉为家庭的"小皇帝""小权威",他们过着衣来伸手饭来张口的寄生虫的生活,久而久之,这些孩子必然成为四体不勤、头脑简单、胸无大志的庸人。到了21世纪,这一代人如何在竞争激烈的国际舞台上一显身手呢? 不要认为这是故作惊人之笔,此前,BBC的纪录片《我们的孩子够坚强吗? 中国学校》就足以让人深思:中国的孩子为什么不如外国的孩子坚强? 自立能力为什么差? 其问题不在孩子身上,他们的可塑性很大,关键在于我们怎样去挖掘,怎样引导孩子树立劳动观念,怎样培养孩子劳动能力。不少专家提出实行"挫折教育""磨难教育",让他们认识到从小养成爱劳动的好习惯,并在劳动中磨炼意志,是21世纪国际舞台竞争的需要。因此,培养学生劳动技能势在必行。

劳动教育是促进学生全面发展不可缺少的教育组成部分。首先,劳动教育能促进学生优良品行的发展,培养学生热爱劳动,树立正确的劳动观点、态度,养成良好的劳动习惯和艰苦朴素的作风。这些品德的培养必须通过劳动实践。其次,劳动教育有助于学生掌握知识,形成技能,并使智力得到发展。

劳动实践中,学生手脑并用,把直接经验与间接经验结合起来,可以激发学生的想象和思维,有利于智力发展。在劳动中,学生接触到生产实践中的各种问题,能促进他们对科学技术的研究,激发他们创造才能的发展,至于生产实习等劳动,对培养学生的技能技巧是十分有益的。我校每学期都组织学生到户外参加实践活动,学生在活动中得到了锻炼,学到了书本上没有的知识,增强了劳动观念和兴趣,取得了良好的社会效益。实践证明,让学生参加社会公益劳动是有益的、必要的。再次,学生参加适度的生产劳动,能使肌肉、骨骼得到锻炼,促进新陈代谢,增进神经系统、血液循环系统、呼吸系统、消化系统的功能,提高抵御疾病的能力,增强学生的体质。劳动教育有利于完成升学和就业双重任务,适应社会主义现代化建设需要,普遍中学教育是基础教育,它承担着为高一级学校培养合格新生和为社会输送劳动后备力量的双重任务。根据我国当前高等教育发展的需要和可能绝大多数的中学生都是社会主义各条战线的劳动后备力量,而通过劳动教育,获得一定的劳动和劳动技巧就为学生适应就业打好了基础。否则,没有任何劳动准备和训练,必将给我国建设事业带来不应有的损失。

当前,在社会上有一种观点认为:学生参加劳动耽误学习,影响学习。其实,这种想法是错误的,也是"应试教育"的不足和缺点。学生经过参加社会公益劳动,培养学生的劳动观念,能明确学习目的,增强学习兴趣,从而更好地提高学习成绩。

诚然,学生以学习文化知识为主,但在不影响学习文化知识的前提下,应该多参加些社会公益劳动,通过劳动,可以提高学生的智能,学习劳动技术技巧,养成劳动习惯,增强战胜困难的勇气,使他们成为"德、智、体、美、劳"全面发展的人才,去承担建设祖国、保卫祖国的重担,这便是我们教育工作者最终的目的。

浅析如何正确书写化学方程式

关于化学方程式的学习,《九年义务教育全日制初级中学化学教学大纲》有明确要求,就是要使同学们理解化学方程式的含义,能书写并配平简单的化学方程式。要实现这个要求,我们在学习时应做到以下几点。

一、尊重事实

化学这门科学的理论依据主要来源于实验,所以我们在书写化学方程式时,要根据客观事实,在短线的左边写出反应物的化学式,在短线的右边写出多用生成物的化学式。如果反应物或生成物不止一种,就利用加号把他们连接起来。如:

$$KMnO_4 - K2MnO_4 + MnO_2 + O_2$$

二、满足定律

我们所说的定律就是质量守恒定律,那么怎样才能符合定律呢? 首先,调整短线左右两边化学式前面的系数,即配平。经过配平使短线左右两边组成物质各元素的原子个数相同。其次,是将短线改为" = "表示相等。如:

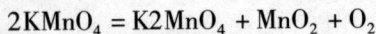

$$2KMnO_4 = K2MnO_4 + MnO_2 + O_2$$

三、条件准确

我们都知道,绝大多数化学反应都是在一定条件下完成的,因此我们注明反应条件就尤为重要,但化学反应条件必须标注准确。是"加热"的不能注成"点燃",是"点燃"的不能写为"燃烧"。在教学过程中,我们发现有少数同学为了省事往往不论"点燃"还是"加热"都笼统地注一个"△",还有些同学把"点燃"与"燃烧"混为一谈,这些都应及时纠正。同时我们还应知道,如需催化剂的反应,则应把催化剂写在等号上方,其他条件写在等号下方。如:

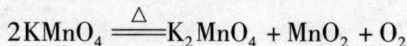

$$2KMnO_4 \xrightarrow{\triangle} K_2MnO_4 + MnO_2 + O_2$$

四、状态分明

在书写化学方程式时还要注意生成物的状态。是气态的则在这种物质化学式的右侧写一个"↑",是难溶于水的沉淀物则写一个"↓"。但应注意:(1)"↑"表示在反应过程中有气态生成物从反应体系中逸出,因此只有在反应中没有气体物质时才用"↑"表示。(2)"↓"表示在反应过程中有沉淀析出,但必须此反应发生在溶液中。如:

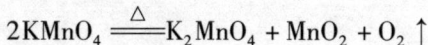

$$2KMnO_4 \xrightarrow{\triangle} K_2MnO_4 + MnO_2 + O_2 \uparrow$$

五、查证结论

方程式写出后还要反复检查,这个过程可分四步,即"四查":(1)查化学式。看写得是否正确。(2)查配平。反应物与生成物化学式前面的系数是否经过调整,且各系数之间是否是最简数比。(3)查条件。看反应条件是否注明。(4)查标号。"↑""↓"是否标出。经反复检查,得出结论,无疑写出了一个正确的化学方程式。由此可见,写出一个正确的化学方程式,应该是:尊重事实,条件准确,状态分明,反复查证,得出结论。

改革教法,培养学生自学能力

自学能力是指一个人独立获得知识的能力。政治课教学是培养学生的自学能力,提高学生独立思考的能力和学习的灵活性,增强学生认识和解决问题的能力。

首先,要实行兴趣激励法。中学政治课,有极少一部分学生认为是副科,学点儿就行;有的学生认为,到考试时现背一下就可以了;有的学生认为,政治课深奥难懂,概念抽象乏味,没有学习兴趣。就这些学生反映的问题,我反复地思考,通过教师培养学生的学习兴趣和自学能力,先让他们有明确的学习目的,懂得为谁而学、为谁而用,再由教师在讲课时穿插一些故事引导,这样才能使学生产生学习政治课的兴趣,真正挖掘出每个学生巨大的内在自学能力。从根本上说,激发兴趣是要求学生懂得学好这门课的重要性,为此更要加强政治课教材前言课的基础教学。在明确概念、书本内容的基础上,突出讲述学习理论和实践的意义,引起学生的重视,帮助学生树立学习的信心。在整个教学过程中,要讲清政治课在中学教学中的地位、作用,激发学生的自学兴趣,调动学生的自学主动性和自觉性,为早日实现科学技术现代化做贡献。

其次,要采取教学启发式。在这方面,我们主要是抓住学生独立思考,利用形象的语言,生动的事例,如资本家是怎样剥削工人的。用一些事例来集中学生的注意力,充分调动学生的思维能力,使学生对政治课产生兴趣。并通过引导学生思考创造一种生动活泼的学习气氛,给学生提供良好的学习环境,活跃思维功能。例如:抓住资本家剥削工人的事实,边讲边议,让学生自由自在地展开讨论。还要抓好课后练习,使学生经常在练习中养成自学习惯。抓好练习,就要科学地编练习提纲、题目和教材,有代表性、启发性、针对性,还要难易兼顾、深浅适宜、灵活多样,使学生对不同类型题目的基本要求、解答要领熟练掌握。政治课要求学生独立完成作业,对难度较大的题,我提出从几个方面着手,但不能死记、抄答案,有的学生抄习题,靠考试前背答案,这对学生自学能力的培养是有害的。总的来说,对于学生自学要做到三抓:一抓课前预习;二抓课上独立思考问题;三抓课后练习,只有这样才能促使学生形成自学的好习惯。激发出学生的兴趣和爱好,养成良好的自学习惯。掌握自学方法是培养学生能力的关键。在此基础上,今年全市政治统考试中100分的2人,99分的25人,平均分是75~86分,成绩良好。

在素质教育的新形势指引下,为使中学思想政治课的教学质量更上一层楼,培养学生爱祖国、爱人民等良好的道德素质,教学生懂得做人的道理,我要在有生之年大胆地去探索和攀登新的更险峻的高峰。

浅谈培养学生的创新能力

江泽民同志曾经指出:"面对世界科技飞速发展的挑战,我们必须把增强民族的创新能力提到关系中华民族兴衰存亡的高度来认识。教育在培养民族创新精神和培养创造人才方面肩负着特殊使命。"

作为一名教育工作者,应如何通过课堂教学这个主渠道培养学生的创新能力呢? 我认为培养学生的创新能力,关键在于引导学生积极参与学习过程,让学生亲自探索、发现知识,培养探究能力。在教学中主要从以下四方面着手。

一、激发兴趣

学习兴趣、求知欲望是支持和推动学生认识事物的巨大内驱力,为使学生萌发积极主动探索新知识的欲望,教学中注重导入设计,为学生创设良好的学习情境,把学生迅速引到学习中来,激活学生那沉睡着的潜力,取得了良好的教学效果。如在讲《变阻器》一课时,首先提出问题:一幕话剧就要开始了,剧场里的照明灯逐渐由亮变暗把人们带入了剧情,想一想,在不改变电源电压的情况下,有没有办法来改变小灯泡的亮度? 疑问使学生萌发了求知欲望,他们都跃跃欲试,开始了对新知识的探求。

二、重视学生的动手能力

现代科技的迅猛发展,向我们提出了一个更高的要求,未来的人不仅能动脑,还得能动手;不仅善于研究探索,还必须勇于实践。所谓的动手能力就是操作能力,动脑和动手是紧密联系的。大脑是知识的贮藏库,动手可加速脑的思维,手脑并用有助于创新思维和创造力的发展。因此,在教学中尽量使教师的演示实验改为学生实验,尽量让学生动手动脑。如阿基米德定律、测物质的密度、不同物质的比热测定、探讨欧姆定律、验证安培定则等实验都是学生亲自操作。这样,通过操作、观察、思考、讨论,使学生在实践中获取了知识,发现了规律。这比单纯地对概念的理解要准确深刻得多,同时对学生掌握有关方面的物理知识起到事半功倍的效果,这样由感性认识上升到理性认识,从而较好地培养了学生的探究能力。

三、改进教学方法,训练学生的创新思维

在知识更新如此之快的今天,教育者的任务不再是单纯地向人脑的仓库里"装"知识,而是要变"教会"学生知识为"教给"学生获取知识的方法。为此,改进教学方法是当务之急。在课堂教学中要充分运用启发式、讨论式、参与式的教学方法,这就要求我们教师处理好教与学的关系,做到以学为主、以教为辅,把教师的"教"放在如何引导学生的"学"上,实现教师、学生角色的转变。即:教师由知识的传授者变为学生学习过程的组织者、指导者、激励者,学生由被动接受知识的"容器"变为学习的主人,成为学习过程中的发现者、研究者、探索者。只有这样,学生才能获得新知识,才有可能进行创新思维。例如,在讲《电阻的并联》一课时,我把主动权交给了学生,让学生自己通过实验得出了"几个电阻并联后的总电阻比其中任何一个电阻都小"的结论。再加上学生理论推导得出了并联电路总电阻跟各并联电阻的定量关系,理论和实验得到了统一。之后,我又设计了练习题,让学生计算、探讨,我加以点拨,学生很容易就探索出"每个并联电阻变化,引起总电阻变化的规律",求相同阻值并联后的总电阻公式,并联电路中电流的分配跟电阻成反比的关系,以及三个以上电阻并联的误区,这样做调动了学生参加教学活动的兴趣,使教师的教变成了学生自己探索知识,学生的思维活跃,很轻松自然地学会了知识,提高了教学效果,培养了学生创造性思维能力。

$$R_总 = \frac{R_1 R_2 R_3}{R_2 R_3 + R_1 R_3 + R_1 R_2} \neq \frac{R_1 R_2 R_3}{R_1 + R_2 + R_3}$$

四、实施激励,引导学生去创造

每个学生都有创新的意识和创造的愿望,在教学中,结合学生的心理特点,实施激励评价,鼓励学生积极动手,大胆去设想,去创造制作实验教具,无论制作得好与坏,教师都给予真诚的赞扬和鼓励。因为这样做不会浇灭学生心中的求知火花,不会扼杀学生的创造力,会使每个学生都有成功的感觉,都会从老师这里感受到浓浓的情意、真诚的帮助和热切的期待,由此激起学生更强烈的创新愿望。

总之,要培养学生的创新能力,必须改革课堂教学,构建以学生自主探索、发现和创造为主的新型教学模式,构建以培养创新能力为核心的教学内容和教学方法体系,这是当今教育发展大势所趋,也是21世纪和素质教育的共同要求。

我校中考质量调研报告

教学质量是学校的生命线,是衡量教学及教学改革成败的重要标准。2013 年我校初四年级考入重高一中 183 人,录取率为52.89%。600 分以上 141 人,各项中考成绩再创历史新高,重点率、录取率、及格率、优秀率及六科平均分均名列市直学校首位。我校 2013 年中考取得了优异的成绩,赢得了社会的广泛赞誉。

一、学校中考情况分析

2013 年报考人数为 346 人,上重点高中人数为 183 人,录取率为52.89%。中考分数 600 分以上有 141 人。中考语文平均分为84.23分,数学平均分为88.81分,英语平均分为91.83分,物理平均分为78.01分,化学平均分为77.74分,政治平均分为84.16分。

今年,我市中考部分学科的试卷难度有所提高,单科成绩因受到试卷难度的影响,无法简单地纵向对比,就全市横向比较,我校部分学科成绩在市直排名第一。

学校能在 2013 年中考中取得好成绩,主要有四个原因:一是爱岗敬业。全年段老师都非常认真负责,勤勤恳恳。二是发挥团队协作精神。学校实行集体备课,统一制订复习计划和进度,教学资源共享,分工出练习卷和月考卷。三是实行分层次教学。年段把全体学生按学业水平分成不同层次,因材施教,编写练习卷和测试卷时,分成提高卷和基础卷,不怕麻烦。四是注重过程跟踪。学校领导非常重视和支持毕业班工作,每次月考后的质量分析会,学校领导必定参加,听取质量分析并提出相应要求。

二、成绩原因与工作措施

(一)科学管理,周密部署

管理出质量,管理出效益,管理出精品。我们把对初四年级的管理作为学校管理工作的重要组成部分,放在突出位置,使之成为学校管理工作的中心议题。狠抓毕业班教学常规管理,突出教学质量这个中心,以管理促质量,以质量求生源,以质量谋发展。

1. 领导保障

一年多来,在学校行政班子的带领下,一流的教学质量是学校生存、发展的根本,已成为全体十一中学教师的共识,这是 2013 年我校中考再创辉煌的根本原因。

我校成立了以校长为组长的毕业班工作领导小组,负责毕业班各项工作的开展。把班子成员全部分包到班级中去,要求班子成员分包到班、到科,与班主任共同商议各任课教师分包班内学生,特别是边缘学生,关注每名学生的生活与学习情况,并做详细的统计与记录,这样责任到位,压力共担,大大提高了广大教师的积极性。

2. 师资保障

领导小组成立后,首先着手考虑初四年级班主任、任课教师人选。把那些责任心强、业务素质高、具有一定实践经验、教学质量较高的教师选拔到初四教学工作岗位上来。在对学生基本情况,初四面临的形势、任务的客观分析的基础上,明确初三工作的整体思路,即:学生从学困生、边缘生抓起,课堂教学做到低起点、小坡度,因人而异,大面积丰收。这样,从一开始就把大家的思想统一到实施教学要求、完成奋斗目标上来,师资得到了充分的保障。

3. 抓实过程

(1)重反馈。学校每周五上午的行政例会上要求各部门将这一周的情况反馈上来,包括好的做法以及出现的问题,大家一起商讨解决,并责成有关领导将问题反馈给问题人,使得这些问题及时得以解决。此外,在全校月工作总结大会上,教学校长用演示文稿,以数字化的形式对作业、教案的检查结果以及成绩状况进行反馈,使全体教师了解每位教师的教育教学情况及学校整体情况,进而推动了学校教育教学工作的全面开展。

(2)重备课。我校仍采取"合作式"集体备课,大家集思广益,取长补短,资源共享,既增强了教师的学习意识,也增强了教师的合作意识,扩大了骨干教师、明星教师的辐射范围,提升了全体教师的教学水平。"合作式"备课是我校校本教研的主要阵地,对我校教学质量的提升、教师队伍的建设起到了很好的推动作用。以石艳秋为组长的英语教研组,实施"口语先行"带动策略,使英语课堂充满生机与活力,极大地提高了英语课堂教学效率。

(3)重监测。为了及时反馈教学情况,提高课堂教学质量,学校要求各年级各学科力争做到"节节清、天天清、周周清";学校还建立了阶段测试制,每半月举行一次。内容是学生近期所学,试题由备课组组长拟订,体现双基,侧重技能,注意培养学生分析问题和解决问题的能力。

(4)重分析。我校坚持教学质量分析制度。质量分析的主要任务就是学科教师各自认真分析自己所教学生的月质量监测成绩及近期跟踪结果,尤其要把临界生的成绩分析到位,杜绝找借口现象,本着"没有教不好的学生,只有想不到的办法"的宗旨,寻找不足,拿出举措。每月组织月考,月考后,及时分析学生的学习状况,了解学生的知识能力各方面的缺陷,总结经验教训。准确把握学生的优势和劣势,找出学生的发展点和优秀学生的增长点,加大对优等生和有潜力的学生的辅导力度。同时,及时对月考成绩拔尖学生和月考成绩有进步的学生进行表彰奖励,两个学期,分四次奖励学生约120多人次。大大激励了学生的学习积极性,为中考考出好成绩打下基础。

(5)重教改。近两年来,我们学习了东庐、洋思中学"讲学稿"的教学模式,积极探索教学模式的改革,学生在学习方式的转变上又迈出了一大步,使我校的校本教研又上了一个新台阶。

所有教师在执行学科常规时,必须确保"备、讲、批、辅、考、评"等环节务实有效,不扎花架子,不走形式。所有常规的落实,必须面向全体学生,本着一切为了有利于学生发展的原则,力求针对不同层次的学生。做到认真全面地备课,激情有效地上课,精细及时地批改,迅速高效地讲评,经常地反思,耐心地辅导。

（二）团结协作，求真务实

1. 体现公平竞争

面对学生的实际情况，我们依据初三学年末学生的考试成绩，按好、中、差比例重新编班，对问题生扎堆的班级，采取各班分散的办法。这样做既照顾到了各班不同层次学生的比例，降低了管理难度，又体现了起点一致、竞争公平，便于调动师生积极性。年级组长根据学校的考核办法，把初四年级6个班分成3个小组，各项指标均以组为单位分配。由于学生的总体成绩基本平衡，为各组教师搭建了施展才华的平台，分配任务时，大家欣然接受，教师心情舒畅了，工作才能全身心投入。每次月考结束，本组教师便自发地与学校分配的各项指标逐一对照，找出差距，研究措施。薄弱学科的教师因拖了团队后腿，便千方百计地采取补救措施。团队精神得到了真正体现。

2. 提高团队水平

我们在扎实推进常规教学的同时，以学科教研组为单位，开展以"集体备课"为主要形式的校本教研活动。对专题复习、写作指导、实验探究、复习效率等内容进行专题研究，依靠本校优势，发挥集体智慧，尤其是数学、英语组开展得扎实有效。针对夯实基础、指导阅读、提高能力、强化听力四个主要方面，根据教师个人所长，专题到人，以教研组为单位，组织全校英语教师举行4次大型的"两备两讲两研讨"式的集体备课活动。经过4次大型的集体备课活动，教师们彰显特长，优势互补，体现了协作与创新，促进了教学环节的高效，为中考成绩的提高奠定了坚实的基础。

除了大型的集体备课活动外，初四4名英语教师还采取小型灵活的集体备课形式，针对复习的实效性、提高成绩的有效措施等进行沟通、探讨，最后达成一致，即：每天讲一篇小短文，每周指导一篇小作文，每周到语音室上一节听力课等方式，扎扎实实地强化了阅读、写作、听力的训练，确保了学生英语综合成绩的大幅度提高，为我校中考质量的全面提升立了头功。

实践告诉我们，具有团队协作精神的教师，他的个人工作能力、工作状态、工作竞争意识，都会比以往来得更强、来得更佳、来得更积极，从而营造出良好的毕业班教学工作氛围。我校2012、2013年中考，两年迈出两大步，两年攀升两级台阶，在很大程度上，靠的就是教师团队水平的发挥和协作精神的发扬。

（三）"四会"并举，突出主体

领导重视，教师实干，还必须突出学生的主体地位。因为学生是出成绩、上质量的根本。我们平时注重对学生进行学习目的、学习态度的教育和学习方法的指导。要求班主任、学科教师以学生为本，要以满腔的热情和高度负责的精神去关注、教育每一名学生。

"一切为了学生的发展"，"让每一名学生都成人成才"。全体教师用"心"、用"情"、用"力"管好学生，即：事业心、责任心、进取心、爱心；激情、真情；亲和力、凝聚力、感召力、影响力。承担和扮演四种角色：像父母——生活上体贴关怀；做良师——学习上鼓励指导；成益友——平等相处，促膝谈心；当心理医生——多沟通引导。体贴入微，和风细雨，让学生真切感受到教师的良苦用心和充满人情味的理解与激励，树立学习的自信心和进取心。

我们在关注每个学生的同时，根据历次考试情况，侧重了解如下五种学生：学优生、优秀临界生、及格生、及格临界生、学困生。学校要求教学相关人员一定要弄清这些不同类学生身上的问题，了解他们的个性特点、了解他们的思想动态、了解他们的薄弱学科以及学困生产生厌学的原因等，要求班主任、任课老师不仅要在课堂上分层次教学，还要对其不同类的学生进行学法指导、心理疏导、分析成绩，多与之谈心，多给予鼓励。学校还适时地召开学优生座谈会、学困生座谈会、成绩分析会、学优生家长会、学困生家长会，有针对性地解决了这些学生的一些实际问题，从而最大限度地激发学生自觉学习的热情，形成浓厚的学习风气和昂扬向上的竞争氛围。

每次月考结束后，我们本着注重实效，坚持开好四个会：

1. 开好总结表彰会

表彰会上大张旗鼓地表扬成绩进步快的学生，对提高 5～10 个名次的学生专门设立了学习进步奖；对提高 10 个名次以上的学生，设立了学习跃进奖。这两个奖项的设立，极大地鼓舞和调动了中等学生的学习积极性，让他们看到了曙光，增强了自信心。有一人月考时打了 408 分，中考时以 582 分考入一中。这充分体现了两个奖项的设立，确实发挥了作用。

2. 开好质量分析会

通过班、组指标完成情况和学科间相互比较，充分肯定成绩，找准找全问题,要求教师认真进行反思。我们根据各组指标的完成情况,把接近各项指标边缘的学生登名造册,每名教师包3名学生,要求做细思想工作,查漏补缺,跟踪提高,抓出成效。模拟考试时,检查任务完成情况,及时予以通报,确保了各项指标的圆满完成。

3. 开好家长座谈会

每次月考结束后,本着讲究策略、不训斥、不让家长失面子又能说明情况的原则,召开家长座谈会,起到了支持、配合学校工作,督促、教育学生的效果,充分发挥家庭对学生教育的不可替代作用。

4. 开好各层学生会

针对不同对象,提出不同要求,开好各层面学生会。无论哪个层面的会,都以尊重学生人格为前提,挖掘闪光点,以激励、鞭策为主。教学成绩要想大面积地提升,没有中等生、学困生的积极参与,那是可望而不可即的。我们把公平、公正地对待每一名学生,不歧视、不挖苦、不放弃、一视同仁作为工作的一条纪律,任何人都必须严格遵守。这样,领导、师生之间相互尊重、信任、理解与配合,真正构建起教与学的和谐,使师生拧成一股绳,心往一处想,劲往一处使,这样就不愁中考考不出高质量。

三、存在的问题

1. 部分学生对基础知识掌握得不够牢固、全面,分析问题、解决问题的能力差,不能充分利用所学的知识分析解决一些生产生活中的实际问题。

2. 由于基础差,部分学生在答题时,出现记忆模糊、混淆等现象,特别是有个别学生不经过认真思考就乱写。

3. 另外就是教师对知识细节重视不够,教学过程本身就是一个不断实践、反思、总结、积累和升华的过程,教师时时处处要做有心人,对重点、难点、易混淆的错误,考试中出现频率高的知识等关键点,做到心中有数,并及时将这些教学心得或者经验反馈给学生。

4. 个别学生书写不够认真,错别字较多。

四、改进措施

（一）进一步加强对学生的管理

1.加强对学生的学习目的性教育。通过校会、年段会、班会、国旗下讲话等形式加强对学生的学习目的性教育，让学生明确知识能改变命运的道理，激发学生的学习热情。

2.加强学习方法的引导。要求各科任教师要根据学科特点，加强对学生预习、听课、复习、巩固等学习方法的指导，倡导自主、合作、探究的学习方式，让学生掌握科学、合理的学习方法。

3.加强各时间点的管理。要求班主任、年段长、挂段行政人员要经常深入年段、班级，督促学生养成自觉学习的习惯，学会合理利用和安排课余时间。

4.关心学困生。注意分层次因材施教，对学困生来说，非智力因素对学习的影响起着决定性的作用，他们更需要教师的关爱和引导，课堂上要把握好教学要求，课后重视个别辅导，注意让学困生学有所得，努力提高及格率和平均分。

（二）加强教师队伍建设

1.认真组织教师学习《中小学教师职业道德规范》，要求全体教师进一步增强责任感，增强质量意识，大力发扬爱岗敬业、无私奉献的精神，关心和爱护每一名学生。

2.进一步加强教师的专业学习，努力提升教师的业务水平。利用业务学习时间继续加强通识培训，促进教师教学理念的不断转变，注重理论联系实际，重点解决教学实践中的具体、实际问题，提高培训、研究活动的针对性和有效性，提高教师的钻研教材、组织课堂教学等方面的能力。

（三）严格学校管理

1.完善制度，规范管理。根据我校的实际情况进一步完善各类制度，使各项工作规范有序地开展。

2.责任落实到位。校长、分管副校长、教务主任、政教主任、年段长、班主任、科任教师各负其责，各尽其责。

3.加强检查，狠抓落实。继续加强行政领导听课、巡课制度，加强各项常规工作的检查力度,严格按制度执行,对发现的问题除通报外,更关键的是抓好整改和落实工作。

4. 抓好年段过关和单元过关。年段长、班主任、科任老师在每次考试后,要及时做好好、中、差学生的思想工作,重点抓好学生的纪律整顿和学习习惯的养成教育,努力营造良好的班风和学风;加强学习方法的指导,帮助他们找出差距,并对他们提出具体的要求和目标,帮助他们树立进步的信心,实行跟踪管理,争取让不同程度的学生都有进步。

5. 提升教研活动和集体备课的实效。校本教研是提升教师业务能力的一条重要途径,学校要对教研活动和集体备课做出更加具体的要求,不求形式,不走过场,力求实效。

6. 关心教师生活。特别是一线教师,尽可能地解决他们的实际困难,解除他们的后顾之忧。

2013 年中考的优异成绩,验证了一个真理:天道酬勤,一分耕耘,一分收获。只要倾情倾力于教育事业,任何付出都不是徒劳的。我校以人为本、群策群力,多方调动积极性。因材施教,分层辅导,让每个学生都有进步。科学管理、精益求精,细微之处见精神。